Die Mädels

Sexofrän

Wir haben die Leichen aus dem
Keller gelassen…

Bibliografische Information
der Deutschen Nationalbibliothek:
Die Deutsche Nationalbibliothek
verzeichnet diese Publikation in der Deutschen
Nationalbibliografie,
detaillierte bibliografische Daten sind im Internet
über http://dnb.de
abrufbar.

Die Mädels
3. Auflage 2016
Herstellung und Verlag
BoD – Books on Demand, Norderstedt

ISBN: 9783734785313

Die Mädels
Alle Rechte vorbehalten

Personen und Orte sind frei erfunden. Ähnlichkeiten mit noch lebenden Personen sind rein zufällig.
Personen die sich tatsächlich meinen wiederzuerkennen – unser Beileid.

Das Buch

Liebe, Hass Neid, Sex, Sucht und ganz viel „Kirmes". Eine Familien-Story mit ganz viel bissigem Humor. Die Geschichte soll Spass und Mut machen, denn sie ist anders, nennen wir sie „sexofrän".

Doch Achtung, was anfangs noch recht harmlos beginnt, nimmt eine rasante, zum Schreien komische Wendung, denn *„de Läbe isse keine Wunschkontrast"*, würde der Grieche sagen.

Die Autorinnen

Die Mädels, 1971 und 1972 geboren wollten schon immer ein Buch über eine „katastrophale Familie" schreiben. So entstand „Sexofrän" und „Sexofrän(er)". Sie leben mit Mann und Hund in einer Kleinstadt und der Schreibstoff geht einfach nicht aus.

Das Schreiben hat sich mittlerweile bei den Mädels verselbstständigt. Alles Erlebte wird automatisch analysiert und zur alltäglichen Recherche gemacht. »Es bereitet uns Spass, wir funktionieren als Team. Das Schreiben über Menschen, deren Facetten und Machenschaften ist amüsant und extrem interessant. Die Dinge auseinanderpflücken, durchleuchten und bissig überspitzt zu Papier zu bringen ist grandios, fast schon eine Art Berufung.«

Mit den Büchern „Sexofrän" und „Sexofrän(er)" zeigen sie, was in ihnen steckt.

Für Mama/Oma:
Deine Liebe, Kraft, dein Humor
&
dein weltbester Kartoffelsalat
bleiben unvergessen!

Zu allen Zeiten haben die Kleinen für die
Dummheit der Großen
büßen müssen!

Die Wahrheit

DAMALS

17 und schwanger
3 Schnäpse weiter in der Dorfkneipe
1 Barbie muss vernichtet werden
13 Minuten und **8,2** Kilometer entfernt
5 Minuten später
7 Fässer Wein
8 Rouladen
40 Grad: Hot Summer `87
180/100mmHG Blutdruck
20 Handtücher wehen im Sommerwind
30 Lockenwickler auf dem Kopf

DANACH

2 Wochen Urlaub
8 blaue Säcke
25 knackige Würstchen
6 Verwandte ein Tisch
35 Tropfen Schmerzmittel später
24. Dezember
2. Teil Chucky- die Mörderpuppe
38 heißt die magische Zahl
850 feierliche D-Mark
120km/h und mehr Glück als Verstand
12,90 bitte
3,5 Std. Flugzeit später
666 Mal ballert es unchristlich an der Tür

15 Jahre ist Michaela
1x im Jahr passiert das Unvermeidliche
5 Zentner pralle Weiblichkeit
4 Mülltonnen glänzen im Mondschein
3 Urlaube im Jahr sind Pflicht
100 Buffetplatten verstecken sich im Keller
5 Bananen, 2 Palmen & 1 Ehering
4 Telefonate des Schreckens
10 Tüten voller Gaben
8:15 Uhr und Party
147 Ruhepuls
23:30 Uhr, Dimitri ruft an

HEUTE
Danke
Der Kartoffelsalat
„Sexoklopädie"

Die Wahrheit hat ihren Preis und ist oftmals auch nicht schön…

Ungünstiger Weise bin ich viel zu früh gestorben! Seit dem ersten Tag meines Ablebens, überschlage ich mich regelmäßig in meiner gruftigen Behausung, während der Rest meiner Sippe die Puppen tanzen lässt!
Lediglich meine zwei Mädels bringen es fertig, dass ich oft herzhaft lachen muss. Wie es dazu kam? Fange ich doch einfach mal von ganz vorne an! Doch Achtung, es beginnt recht trügerisch harmlos…

DAMALS

17 *und schwanger!*

Das erste Mal und gleich ein Volltreffer! Ich will DAS nicht, das darf doch wohl nicht wahr sein, wie konnte ich nur, soll ich jetzt etwa heiraten, -mit siebzehn?! Ich, ein Hausmütterchen? Was sagt Mama nur dazu? Oh Gott, ich bin kurz vorm Durchdrehen…

Mein Leben war bis dahin zwar auch kein Wunschkonzert, bin ich doch im Krieg und dann noch als uneheliches Kind (pfui!) aufgewachsen. Aber meine Mutter war eine taffe Frau. Groß, schlank, dunkelhaarig und mit den längsten und schönsten Beinen der Welt, wanderte sie zielstrebig mit mir durchs Leben. Sie war eine liebevolle Frau, die sich dennoch nicht scheute ihrem Umfeld Paroli zu bieten. Als sie sich einmal weigerte den Hitlergruß eines Nachbarn zu erwidern, haben mir vor Angst die Knie geschlottert. Aber meine Mutter hatte einfach ihre Prinzipien und diese vermittelte sie auch mir. Wir ließen uns nicht unterkriegen. Irgendwie schaffte ich es sogar, in dieser turbulenten Kriegszeit, erfolgreich einen Abschluss hinzubekommen. Danach wollte ich dann sofort mit Vollgas ins Leben durchstarten, aber nun das! Die Zeichen standen plötzlich auf Sturm und dieser Zustand sollte sich für mich eigentlich niemals mehr ändern. Ab diesem Zeitpunkt hieß es für mich, Vorhang auf für mein ganz persönliches Dilemma!

~

Auf einem Dorffest lernte ich Luis kennen. Einen adretten jungen Mann. Seine blonden Locken und die blauen Augen stachen mir sofort ins Auge. Genau mein Typ. Und dumm war Luis auch nicht, also ein Volltreffer. Ein Volltreffer wurde dann auch nach einigen Treffen unser „erstes Mal", total unromantisch hinter einem Geräteschuppen! Bis ich es wirklich bemerkte und es Luis offenbarte vergingen einige Wochen. In dieser Zeit konnte ich bereits einen Teil seiner Familie besser kennenlernen. Seine Mutter war eine hochgewachsene, edel gekleidete dürre Frau. Ihre Haare trug sie zum Dutt, stramm an den Hinterkopf frisiert. In Kombination mit ihrem überheblichen Gesichtsausdruck wirkte sie unschlagbar sympathisch. Ihr Lachen hatte sie scheinbar bereits vor Jahren verkauft. Alles wusste und konnte sie besser als der Rest der Welt. Und das Beste daran war: Sie mochte mich nicht!

Das krasse Gegenteil zur Mutter waren seine Schwester Lisbeth und ihr Mann Helmut. Sie gehörten zwar zur feineren Gesellschaft, ließen das aber nicht gleich raushängen. Lisbeth, dunkelhaarig und braunäugig war eine halbwegs passable Erscheinung, der einzig und allein das große Gebiss im Wege stand. Lisbeths Zähne und ihr Gesicht waren stets in Bewegung, sie schien krank zu sein. Aber Dank der ständigen Einnahme von Tranquilizern fiel das nicht weiter auf. Sie war meistens guter Dinge und keiner wusste so richtig was mit ihr los war. Lisbeth ohne Medikamente war allerdings unerträglich, denn dann begannen diese wilden Zuckungen, die an Auftritte von Joe Cocker erinnerten. Wenn das passierte ging es sofort ab in die Klinik, da fackelte ihr Helmut nicht lange!

Der Helmut war ein etwas rundlicher Typ. Er wusste viel, arbeitete als Führungskraft und war dabei nicht unsympathisch. Sein Leibgericht war Sülze mit Bratkartoffeln. Am allerliebsten quatschte er los, sobald sein Mund voller Sülze war und besprühte großzügig sein hilfloses Gegenüber, da kannte der Helmut nichts. Er war ein Draufgänger, der sich zwischen den Klinikbesuchen und Arztterminen seiner Ehefrau ein Doppelleben aufbaute. Darin lebte er in Saus und Braus mit seiner Geliebten. Lisbeth und Helmut waren ein Traumpaar.

Es war soweit, wir heiraten tatsächlich! Meine Mutter warnte mich, ich müsse das nicht tun, doch Luis vergötterte mich. Er freute sich auf die baldigen Vaterfreuden und allmählich begann auch ich mich für mein neues Leben zu begeistern. Seine Familie, allesamt Kaufleute, nagte für die damalige Zeit nicht gerade am Hungertuch. Daher scheuten sie keine Kosten und Mühen, wenngleich sie sich natürlich für ihren Luis etwas Besseres als mich gewünscht hätten. Wer war ich denn auch schon? Die Hochzeit war trotzdem ein Traum. Ich war eine wunderschöne junge Braut in einem königlichen Hochzeitskleid mit einer meterlangen Schleppe. Lange lockige braune Haare, hellgrüne Augen und feine Gesichtszüge. Meine obligatorische kleine Zahnlücke, die ich später gern vererbte, verlieh mir was Spitzbübisches.

Nun stand der Umzug in Luis Elternhaus an. Meine Schwiegermutter war mit von der Partie und wir wohnten alle zusammen. Na toll, diese Wohnkonstellation sollte sich noch als sehr ungünstig herausstellen - eine Verwandtschaft mit maximalem Komplikationshintergrund! Jedenfalls wurde mein Unglück damit perfekt. Von nun an bestand der Alltag meiner Schwiegermutter darin, mir mein Leben so kompliziert und anstrengend wie möglich zu gestalten. Täglich ließ sie mich spüren wie sehr sie sich doch eine Bessere für ihren Luis wünschte. Sticheleien, Unterstellungen, Boshaftigkeiten, bishin zu dubiosen Abtreibungstipps standen auf ihrer täglichen „To-Do-Liste". Man könnte meinen, mir das Leben zur Hölle zu machen, war zu ihrer einzigen Lebensaufgabe geworden. Sie zog wirklich alle Register. Luis arbeitete und war strebsam und bekam von all diesen Schikanen anfangs nichts mit, denn ich blieb stumm.

Dann wurde Dirk geboren, ein blonder Engel von strammer Statur. Es änderte sich alles, mein Leben, wie ich es kannte, war vorbei!

„ICH WILL ESSEN, SOFORT!" Mit hochrotem Kopf und geballten Fäusten stand der fast dreijährige Dirk plötzlich fordernd neben mir. Ich erschreckte, hatte er nicht gerade noch geschlafen? Meine Bemühungen ihn zu beruhigen wurden von ihm ignoriert. Dirk wollte jetzt, am besten schon gestern, essen und zwar diesen Blumenkohl und nur *diesen* Blumenkohl! Er riss an mir und am Topf. Um Schlimmeres zu vermeiden fütterte ich ihn mit Blumenkohl, allerdings nicht mit dem Löffel, so wie es bei anderen Kindern wahrscheinlich möglich war, nein, mit meinen bloßen Händen schaufelte ich das blumige Gemüse in ihn hinein. Es glich einer Raubtierfütterung. Dirk war einfach nie zufrieden, er forderte Essen, Aufmerksamkeit, Zuwendung, Bespaßung, Spielzeug wann immer es ihm passte. Ich versuchte alles, aber er war erst dann zufrieden und freundlich, wenn er seinen Willen bekam und nicht eine Sekunde früher. Doch er wurde älter, seine egoistischen Ausbrüche weniger, die Situation entspannte sich und sogar meine Schwiegermutter brachte ein paar freundlichere Worte über die Lippen, wir konnten uns arrangieren. Auch Luis und ich waren ein tolles Team, wir hatten richtig Spass.

Vier Jahre später wurde unser Jörg geboren. Jörg war ein so zartes Kind, ruhig und genügsam. Zwei Brüder, die unterschiedlicher nicht sein konnten. Die Beiden wurden keine Freunde.

In dieser Zeit konnte ich mich über zu wenig Arbeit nicht beschweren. Vielleicht fiel es mir daher nicht gleich auf, dass mein Luis zunehmend stiller wurde. Die Kinder wuchsen heran und er veränderte sich. Den treuen lieben Mann erkannte ich kaum noch. Er wurde zunehmend von Grübeleien und scheinbar schlimmen Gedanken eingeholt. Antworten auf meine Nachfragen bekam ich nicht, stattdessen Griff er zur Flasche. Der Alkohol brachte eine Seite an ihm zum Vorschein, die ich nicht kannte. Es war furchtbar.

Eines Abends, die Kinder schliefen bereits und Luis musste länger im Büro bleiben, hatte ich endlich mal Zeit für mich ganz allein. Ich genoss das so sehr. Später, als ich schon auf dem Weg ins Bett war, lehnte Luis plötzlich sturzbetrunken an der Wohnzimmertür. Sein Gesichtsausdruck war gehetzt.

„Du Schlampe" lallte er und beschimpfte mich. Er fuchtelte wild umher und befahl mir die Kinder zu wecken. Ich wiedersprach nicht und riss die Kinder aus dem Schlaf. Sie weinten, waren bockig und verunsichert. Luis verlangte, dass wir uns augenblicklich in Reihe und Glied aufstellten und deutsche Volkslieder, bishin zur Nationalhymne sangen. Wir gehorchten, trällerten los und hatten so große Angst. Ich erkannte den Sinn nicht, warum tat er das?

Solche Abende wiederholten sich nun in einer fast unerträglichen Regelmäßigkeit. Der Tag danach, der von Entschuldigungen, Versprechen und Schuldgefühlen geprägt war, ebenfalls. Luis verstand sich selbst nicht, er konnte sein Verhalten nicht erklären, schämte sich und bereute bitterlich. Es würde ihm so schlecht gehen, die Gedanken würden ihn krankmachen, das Leben wäre unerträglich. Er wäre eine Gefahr. Helfen ließ er sich trotzdem nicht. In solchen Augenblicken dachte ich an seine Schwester Lisbeth. Ging es ihr nicht ähnlich? Seine Ausbrüche gipfelten eines Tages in einem finalen Auftritt, den ich fast mit dem Leben bezahlen musste.

Luis stand völlig betrunken, mit wirrem Blick in unserer Küche. Er starrte mich an, dann raste er tobend vor Wut auf mich zu und würgte mich. Solch eine Kraft hatte er! Ich griff nach dem erstbesten Teil, einem schweren Aschenbecher, den ich mit letzter Kraft fassen konnte. Dann schlug ich ihm damit auf den Kopf. Er ließ von mir ab, taumelte und fiel zu Boden.

Die Verletzung war oberflächlich, aber sie hatte ihre Wirkung nicht verfehlt. In diesem Moment wusste ich, ich hätte auch seinen Tod in Kauf genommen. Das musste aufhören! Ich reichte die Scheidung ein, vollzogen wurde sie nie. Wir rauften uns stattdessen wieder zusammen. Richtig glücklich wurden wir aber nicht mehr.

Eines Tages beendete Luis sein Leben, er hielt sich selbst nicht mehr aus!

~

Alles war aus! Oder nicht? Ich war wie betäubt, konnte es nicht fassen. Da stand ich mit meinen Jungs. Aber ich war eine Kämpferin! Es musste weitergehen! Zwei Jobs brauchte ich nun, um uns und das Haus über Wasser halten zu können. Meine Schwiegermutter, ein Wunder war geschehen, unterstützte mich und kümmerte sich in meiner Abwesenheit bestens um die Kinder. So konnte ich in der Woche in der Näherei arbeiten und am Wochenende in einem bekannten, gut besuchten Tanzlokal kellnern. Der Alltag kehrte ganz langsam zurück, die oft so trüben Gedanken verflogen ein wenig. Später lernte ich dort einen netten Mann kennen – Dimitri.

Da war er, der gutaussehende griechische Gastarbeiter! Groß, Anzug tragend, dunkelhaarig, mit
gewachster und gestriegelter Haupthaarfrisur.
Einziger Nachteil, er sprach kaum ein Wort
Deutsch! Aber das belastete mich nicht, er be-
mühte sich um mich und wir verliebten uns.

Man kann sich vielleicht vorstellen, was in einem
Dorf los war, wenn eine deutsche Witwe plötzlich mit einem Gastarbeiter loszog. Schön war
das nicht. Doch es dauerte nicht lange, und Dimitri wurde von allen akzeptiert. Er hatte Charme.
Bald zog er, Schwiegermutter wohnte mittlerweile in einer eigenen Wohnung, bei uns ein. Die
Kinder mochten ihn sehr, er übernahm die Vater-
rolle. Sein größter Wunsch aber war, ein gemein-
sames Kind zu haben. Ohjeh, bitte nichts über-
stürzen, mir ging es doch gerade richtig gut. Ich
hatte jetzt das Leben, dass ich mir gewünscht
hatte, einen Mann an meiner Seite der fleißig
war, sich um Familie, Haus und Hof kümmerte.

Nur manchmal beschlich mich so ein seltsames
Gefühl. War Dimitri wirklich ehrlich? Dieser
Gedanke, dieses ungute Gefühl keimte manchmal
auf…

~

Kommen wir zurück zu Dirk, dem Jähzornigen, mittlerweile 17 Jahre alt. Nach der Ausbildung hielt ihn nichts mehr in seiner Heimat. Dirk hatte Fernweh, wie der Rest der Familie dazu stand war ihm herzlich egal. Er wollte weg und nur darum ging es. Fast noch ein Kind und ohne einen Pfennig in der Tasche begab er sich auf große Fahrt. Ich ließ ihn ziehen, was sollte ich auch machen, es zerriss mich fast. Lange hörten wir nichts von ihm, dann bekamen wir Postkarten aus aller Herren Länder. Er sah viel von der Welt und arbeitete auf einem Schiff. Zur Wiederkehr verlor er stets nie ein Wort. Ich gewöhnte mich auch daran.

Jörg hingegen blieb der Heimat treu und er spielte göttlich Fußball. Darauf standen auch zahlreiche girls, er hatte eine interessante liebenswerte Art.

Hallo, träumte ich? Vier Jahre waren vergangen und da stand er wieder vor der Tür. Mein Dirk! Unerwartet und ohne Vorankündigung, wäre jawohl auch noch schöner. Wie herzlich er war, überschwänglich wie nie wurden wir begrüßt. Es stellte sich natürlich fast umgehend heraus, dass Dirk keinen Pfennig Geld mehr besaß. Warum das so war wusste nur der Himmel und das Meer, denn verdient hatte er reichlich.

Monate später, ich hatte gerade den wahnwitzigen Gedanken, Dirk würde jetzt nun vielleicht erwachsen, präsentierte er seinen nächsten Einfall. Quasi einmal um die Welt und zurück, per Anhalter! Mich traf der Schlag. Tja, Küsschen hier und liebste Mutti da und „ich bin dann mal weg", sprach`s und fuhr los.

Wirklich erfolgreich verlief dieses Abenteuer nicht, denn eines sonnigen Tages, natürlich wieder ohne Vorankündigung, war er wieder da. „Ich zieh dann wieder bei Euch ein". So war das mit Dirk. Schnell hatte er die obere Etage für sich hergerichtet, lebte ab da auf unsere Kosten, wie Gott in Frankreich. Kein Sparschwein, keine Geldbörse war vor ihm sicher. Das persönliche Finale seiner Gier bekam Jörg zu spüren. Dirk räumte hinterlistig Jörgs Sparbuch leer. 2000 D-Mark hatte sich der Junge angespart und weinte bitterlich. Aber Dirk winkte nur ab, denn er nahm sich einfach ALLES! Und egal wie viel, es war nie genug. Dankbarkeit kannte er kaum. Die meiste Zeit des Tages verschlief er, abends und nachts feierte er mit Kumpels, hier und da mal ein kleiner Aushilfsjob, was kostete die Welt. Sex, Drugs and Rock`n Roll. Wenn nicht Zuhause, dann genoss er sein „auf Kosten anderer Dasein" in der Dorfkneipe. Naja, er war ja noch jung, aber im Nachhinein betrachtet war das schon ein echtes Zeichen. Und was für ein Zeichen!

3 *Schnäpse weiter in der Dorfkneipe.*

Dirk ist bester Laune und in seinem Element. Party bis der Arzt kommt - Yehaa! Dazu kommt, dass es ihm die schöne Thekenbedienung Anke angetan hat.

Anke war damals noch ein echter Hingucker. Mittelgroß, sportliche Figur, tolles blondes hoch drapiertes Haar und top gekleidet. Eine richtige Sahneschnitte. Nun denn, Dirks Kneipenbesuche wurden regelmäßiger und irgendwann folgten auch persönliche Dates mit Anke. Noch später wurden sie ein Paar. Es folgte alles was dazugehört, auch die Vorstellung der neuen Familie. Gegensätzlicher ging es kaum. Anke hatte acht Geschwister! In ihrem Zuhause herrschte ein vollkommen anderes Klima. Arbeit hatte diese Familie nicht erfunden. Hier standen Unruhe, Lügereien, Prügeleien, Disharmonie und Party machen auf der Tagesordnung. Letzteres imponierte Dirk sehr, die Voraussetzungen für eine gut funktionierende Partnerschaft waren vollends erfüllt. Hier wollte er sein, hier fühlte er sich pudelwohl. Keine Regeln, keine Grenzen. Mit diesem Hochgefühl steuerte er sich und uns ins Verderben. Dirk war regelrecht hingerissen von diesem neuen Lebensstil. Er wollte auch seinen Bruder an diesem neuen Glück teilhaben lassen. Wenke, die Schwester von Anke wäre doch bestimmt genau Jörgs Typ. Besagte Wenke war klein und dicklich, dabei nicht unbedingt hässlich. Doch das war sicher, sie war ganz und gar nicht nach Jörg`s Geschmack. Das erste, zugleich letzte Date zwischen Jörg und Wenke endete mit der Flucht aus dem Toilettenfenster. Er war noch nie der kommunikative Typ. Hauptsache ab nach draußen, weg von dieser Frau. Dieser Zusammenführungsversuch war somit auf ganzer Linie gescheitert. Die Party ging trotzdem weiter.

~

In dieser turbulenten Zeit wurde ich schwanger. Zuvor hatte ich bereits Fehlgeburten erlitten, aber ich wollte Dimitri unbedingt seinen Herzenswunsch erfüllen und nun freuten wir uns sehr. Ich brachte unsere Sandra zur Welt - ein Wonneproppen! Laut, hungrig, ein Sonnenschein mit alsbald fehlendem Draht zu ihrem Vater.

Schnell war das an einem sonnigen Tag im Harz unübersehbar.

„Meine Mama kommt gleich wieder, meine Mama kommt bestimmt gleich wieder"!

In der Fußgängerzone, an der Hand ihres Vaters schluchzte die zweijährige Sandra herzzerreißend diesen Satz vor sich hin. Passanten wurden schon aufmerksam und sprachen meinen Mann direkt auf dieses arme Wesen an. „Ist die Mutter gestorben, das arme Kind!" Natürlich war ich nicht gestorben, quicklebendig machte ich an diesem Wochenende meinen lang ersehnten Führerschein. Dimitri begleitete mich dabei und passte auf Sandra auf, was offensichtlich mal so richtig in die Hose gegangen war. Er war aber auch sofort mit den normalen Dingen des Lebens überfordert. Das fiel verschärft auf, musste er mal alleine los. Er selbst sah das dann natürlich vollkommen anders. Wenn, dann waren es die Anderen die nicht ganz dicht waren. Jedenfalls war Sandra nie gern mit ihrem Vater allein unterwegs.

HURRA, ich hatte den Führerschein in der Tasche, gleich beim ersten Mal. Davon konnte mein griechischer Mann nur träumen. Dimitri war in seiner ganzen Art steif, auch wurde ihm das technische Verständnis nicht unbedingt mit in die Wiege gelegt. Eine Mikrowelle zu bedienen, oder sogar eine Glühbirne zu wechseln war für ihn eine überaus spektakuläre Herausforderung, die ihm höchste Konzentration abverlangte. So kann man sich denken, dass das mit dem Führerschein auch nicht so einfach war. Sagen wir so, ich kannte auf der ganzen Welt niemanden, der noch Jahre nach der bestandenen Prüfung die grandiosesten Blumengebinde und Danksagungskarten vom Fahrlehrer geschenkt bekam. Von daher fiel mir auch regelmäßig, wenigstens innerlich, die Kinnlade herunter, wenn Dimitri mir von seinen abenteuerlichen Motorradfahrten als Funker in Griechenland berichtete. Er auf einem Motorrad war schon unvorstellbar, aber dann noch mit einem Funkgerät?! Also wirklich, bei aller Liebe.

~

Bei mir schrillten unterdessen erneut die Alarmglocken. Nicht, dass ich nicht wüsste wie Familien so sein konnten, da bildete ich mir nichts ein. Doch diese Familie war der helle Wahnsinn und diesen Wahnsinn konnte ich leider auch in Anke erkennen. Sie schien mehrere Gesichter zu haben. Jedes Mal, wenn wir aufeinandertrafen glich ihre Laune einem Überraschungsei. Was erwartete mich heute, von herzlich nett bis bösartig und schäbig war alles möglich. Dirk blieb das nicht verborgen, er arrangierte sich auf seine Weise. Und zwar so, dass er einfach nicht da war. Weiterhin stach er in See, dann in den wochenlangen Urlaubsphasen genossen Anke und Dirk ihre gemeinsame Zeit in Hülle und Fülle, das verdiente Geld war schnell verprasst.

Und nun das, Anke war schwanger! Neun Monate später kam meine Enkelin Claudia auf die Welt. Zart, unruhig und scheu mit bald schon fehlendem Draht zu ihrer Mutter.

Die kleinen Mädels, meine Tochter Sandra und meine Enkelin Claudia, wuchsen auf wie Schwestern. Mit den Zöpfen, der Zahnlücke und den ähnlichen Klamotten sahen sie zum Anbeißen niedlich aus. Im Kindergarten unterhielten sie mit ihrem Gesangstalent den ganzen Laden. Später in der Grundschule stand der Gesang zwar nicht mehr im Mittelpunkt, aber dafür entwickelten sie andere Qualitäten.

Dirk, Anke und Claudia zogen nun auch in unserer Straße, wir wurden Nachbarn. Paradiesisch für die Mädels. Dennoch entwickelte sich zwischen meiner Schwiegertochter und mir kein gutes Verhältnis. Wahrscheinlich war es ihre dauernde Missgunst, die ein Zusammentreffen erschwerte. Traurig war ich nicht darüber, über den Punkt war ich schon lange hinaus. Ich war sogar froh, diese Person nicht dauernd um mich haben zu müssen. Wie Dirk und Claudia das nur aushalten konnten? Dirk war dickfällig und oft weg, aber für Claudia war das bestimmt kein Zuckerschlecken. Auffällig war, dass die Kleine immer gehetzt wirkte und rappeldürr war. Nur bei mir, ihrer Oma, konnte sie entspannen und die extra dick belegten Leberwurstbrote genießen. Im Nachhinein kann ich verstehen, dass ihr das Essen in der „Möhren-Hölle" deutlich vergangen war, aber dazu komme ich später.

Natürlich gab es auch schöne Momente. Diese kamen wenigstens anfangs noch in Form von Familienfeiern vor. Die großen Feste wurden immer gerne bei uns gefeiert. War günstiger und machte für die anderen keine Arbeit. Diese Events gingen nie ohne meinen Kartoffelsalat. Das war jetzt kein normaler Kartoffelsalat in einer Salatschüssel, nein, das war der weltbeste Kartoffelsalat. Er wurde mir aus den Händen gerissen. Ich musste ihn in Wäschekörben zubereiten. Wir waren gute Esser. Nun, nehme ich doch gleich diesen Kartoffelsalat zum Anlass für einen ganz besonderen Auftritt von Anke.

„Ach Anke, wo wir hier gerade im Keller den Salat umfüllen, denkst du beim nächsten Mal bitte daran, mir die Schüssel mitzubringen, die ich dir beim letzten Mal mit den Resten eingepackt hatte."

ERROR!

Ein Hurrican brach los, Anke rastete aus: „Deine Schüssel? Das kann jawohl nicht sein! Das ist meine Schüssel, du dusselige Kuh, deine Scheiß-Schüssel, dass wüsste ich aber! Du hast mir nie Essen mit einer Schüssel mitgegeben!"

Hoppla, ihr Ton ließ mich erstarren, diese Aggressivität, diese verdrehten Behauptungen und dieser Jargon. Junge Junge, was für eine Furie! Eigentlich erwartete ich, dass sie mir zusätzlich noch an die Gurgel sprang.

Jegliches Mitgefühl, welches ich anfangs für diese einfache, scheinbar freundliche Frau hegte, kam mir unaufhaltsam abhanden. Währenddessen starrte Dirk vor sich hin und faselte ohne Sinn und Verstand irgendwelche Rechtfertigungen. Das Ende vom Lied war, Anke verließ wutentbrannt unser Haus. Sie wurde nicht sehr vermisst. Außerdem kannten wir solche Abgänge von ihr. Gefiel ihr auch nur eine Winzigkeit nicht, entfernte sie sich sang- und klanglos vom Geschehen. Manchmal boykottierte sie bereits im Vorfeld alles und jeden, das kam ganz auf ihre Laune an. Anke, ein emotionaler Totalausfall, vielleicht war sie aber auch einfach nur schlecht erzogen.

Ihre Wuttiraden gingen an solchen Tagen oftmals gerne Zuhause weiter. Claudia erzählte mir später, obwohl es ihr Anke unter Drohungen strikt verboten hatte, von den zahlreichen bösen Streitereien ihrer Eltern. Oft konnte meine Enkelin vor Angst, mit der Bettdecke über dem Kopf, nicht einschlafen. Ankes Best of-Sätze waren: „Bring dich doch um, wie dein Alter."

Aber siehe da, wenige Tage später standen wie selbstverständlich Schwiegertochter-Trulla und Weichflöten-Dirk vor der Tür und luden sich zum Kaffee ein. Als wäre nichts gewesen, verloren sie kein Wort über die Auseinandersetzung. Meine Schüssel sah ich nie wieder!

~

Mein Leben war wirklich eine einzige Achterbahnfahrt. Ich konnte kaum Durchatmen und nun erkrankte meine taffe Mutter zunehmend an Demenz. Erst fiel es uns kaum auf, sie vergaß Kleinigkeiten. Aber dann wurde es immer schlimmer. Eines Tages, als sie im Hochsommer in Pelzmantel, Muff und Hut bekleidet durch die Straßen flanierte und zum wiederholten Mal am Tag zum Einkaufen ging, schritt ich ein. Mama und ihr Lebenspartner zogen bei uns ein. So hatte ich sie besser unter Kontrolle und Platz war da, die obere Wohnung stand schon länger leer. Ich kündigte meinen Job und kümmerte mich von nun an um die Familie. Die Zeit wurde hart für mich. Und wem missfiel die neue Wohnsituation? Anke! Am liebsten wäre nämlich sie mit Sack und Pack bei uns eingezogen. Natürlich gerne inklusive freier Kost und Logis. Aber das wussten Dimitri und ich zu verhindern, nie und nimmer hätten wir das zugelassen. Claudia gerne, aber der klägliche Rest? Nein danke!

~

Welch ein seltener Zustand, Dirk und Anke standen mit blendender Laune vor der Haustür. Sie präsentierten voller Stolz und besagter Heiterkeit ihren neuen Plan an Geld zu kommen. Natürlich nicht an selbst verdientes Geld, denn normale Arbeit war ja überhaupt keine Option. Stattdessen wurde mir von meinem eigenen Sohn die Pistole auf die Brust gesetzt, friss oder stirb! Dirk hatte sich überlegt, dass er sofort seinen Erbanteil väterlicherseits ausbezahlt haben wollte. Auf welchem Mist dieser plötzliche Auftritt gewachsen war, war so sicher wie das Amen in der Kirche. Mir wurde schwindelig. Wie sollte ich das denn machen? Das Haus war noch lange nicht abbezahlt, Dimitri schuftete um die Rechnungen für dieses Riesenhaus zu zahlen und Renovierungen standen an. Was lief nur mit diesem scheinbar seelenlosen Sohn und seiner missratenen Ehefrau falsch? Dirk drohte mir mit Kontaktabbruch und anderen Schlechtigkeiten, wie ein Verrückter argumentierte er. Hatte ich denn alles falsch gemacht in der Erziehung? Ich zermarterte mir das Hirn. Was war die beste Lösung, gab es überhaupt eine Lösung? Ich wollte keine Kämpfe mehr, ich war ausgebrannt. Schließlich einigten Dimitri und ich uns auf die Auszahlung.

Wir ließen den Wert des Hauses schätzen und beliehen das Haus noch höher. Auch Jörg sollte nun seinen Erbanteil bekommen. Der ältere Dirk durfte zwischen Barauszahlung und dem Bauplatz im Garten wählen. Er wählte das Geld, nur Bares war für Dirk Wahres, ein Hoch auf die Dollarzeichen. Jörg hingegen blieb bescheiden, er wollte das alles nicht, aber nun blieb ihm der Bauplatz. Und dieser Bauplatz sollte immer weiter in seinem Wert steigen, zum großen Ärger seines älteren Bruders. Diese unsägliche Forderung seitens Dirk und Anke wollte ich aber nicht kampflos hinnehmen, schließlich malochte mein Mann für dieses Haus. Es war jetzt sein Haus und unsere Sandra, auf die

Dirk und Anke von Anfang an eifersüchtig waren, war ja schließlich auch noch da. Von daher verlangte ich im Gegenzug, dass die Beiden auf jegliche weiteren Erbforderungen verzichteten. Das Ganze hielten wir schriftlich fest. Dirk und Anke waren sofort einverstanden und überschütteten uns mit kurzweiliger, großartiger Dankbarkeit und Liebe. Das Ganze stand mir bis zum Hals.

Auch Jörg war mittlerweile verheiratet. Ebenso wie die Brüder, waren auch die Ehefrauen so unterschiedlich wie es schlimmer nicht sein konnte. Sabine war ein schlankes Wesen mit wenig Selbstvertrauen, daher nahm man sie und ihre Klugheit überwiegend nicht wahr. Sehr schnell wurde Sabine schwanger und mein Enkel Kasimir erblickte das Licht der Welt. Und trotz Nachwuchs wussten Sabine und Jörg nicht mehr viel mit sich anzufangen. In dieser Zeit entdeckte Sabine zielsicher den Alkohol für sich.

Die beiden hatten ebenfalls ein schickes Haus im Garten gebaut. Ein Haus mit Partykeller. Das Highlight. Fotos, Sprüche auf Spiegeln und Scherzartikel zierten die Wände. Eine gemauerte Theke, schwere Sitzmöbel, eine Discokugel, sowie Tropfkerzen durften nicht fehlen. Das war der Raum schlechthin. Ein Ort zum Feiern! In diesem Partykeller zeigte dann auch endlich mein Mann, was so in ihm steckte. Von Feier zu Feier mutierte Dimitri mehr und mehr zum Casanova. Er war dem weiblichen Geschlecht, besonders auf Feiern, deutlich zugewandt. Er ramenterte wild

shakernd durch den Partysaal. Ich staunte wenigstens anfangs noch amüsiert. Ich ließ ihn ölen.

1 *Barbie muss vernichtet werden!*

Oh Gott, wie konnte das denn passieren...?

Es war Claudias Geburtstag, ich glaube sie wurde sechs. Meine Enkelin hatte sich ein Spiel gewünscht, so eine Neuheit, irgendwas mit Knetfiguren. Die Vorfreude war bereits riesig. Sandra und Claudia bekamen fast immer gleiche Präsente und es wurde peinlich genau darauf geachtet, ihre gut durchdachten Wünsche zu erfüllen. Warum? Sehr einfach, um genau die folgende Unruhe zu vermeiden. Aber jetzt war es erst einmal zu spät, denn Claudia hatte eine Barbie geschenkt bekommen! "Man, was soll das denn?!" Nun hatte Claudia tatsächlich eine Barbie mehr, noch dazu so eine ungewollt hässliche. Das ging nun auch Sandra eindeutig zu weit. Es gab nur eine einzige, wahre Lösung: diese Barbie musste weg. Egal wie, Hauptsache weg mit dieser fürchterlichen Dolze. Claudia fand das auch, ab in den Bach mit ihr. Ein Juhu auf den Barbie-Gleichstand! Nach vollbrachter Tat konnten die beiden wieder beruhigt unter ihrem Lieblingsbaum meinen selbstgemachten Kirschsaft genießen. Hier schworen sie sich ewige Verbundenheit - Blutsschwestern für immer.

Unter diesem Baum quasselten sie auch gerne dummes Zeug und alberten herum. Lachend stellten sie sich vor, wie es wohl wäre, wenn Dimitri und Anke ein Paar wären. Putzwahn und Laune im Mix, mit Pingeligkeit und Lüften bis zum Exzess, einfach traumhaft. Sandra und Claudia waren aber auch mit einer Phantasie ausgestattet, Herr des Himmels. Zum Glück würde das ja nie passieren, so was geht auch gar nicht....HaHaHa. Selbst ich schmunzelte vor mich hin, welch ein Gedanke!

Die Mädels waren unbeschreiblich. Irgendeine hatte immer eine Idee. Vor allen Dingen war da diese eine Sucht, die sie so dermaßen beflügelte. Die Schlicker-Sucht! Dafür taten sie alles. Das Überlebenselixier musste rangeschafft werden, aber woher nehmen, wenn nicht stehlen? Erste Schlicker-Wahl war die freundliche Nachbarin, Tante Finny eine Katzennärrin. Sie wohnte mit ihrem Mann in einem alten Türmchen-Schloss, manche sagten ihr nach, sie wäre eine Hexe. Hexe? Egal! Schoki über alles. Ein kurzer Besuch, ein paar nette Worte und tada der Schlickerkram war da. Jahre führten die Mädels diese Besuche durch, ich wusste das auch. Aber dann wurde Tante Finny krank und sah ganz und gar nicht mehr rosig aus. Aufgedunsen und von Katzen auf dem Krankenbett umzingelt lag sie da, ich erteilte absolutes Besuchsverbot. Wahrscheinlich habe ich es sehr gut ausgeschmückt, denn oh Wunder, die Mädels setzten nie wieder einen Fuß in das Turmhaus. Doch die Schoki-Gier blieb übermächtig. Tante Finny war tabu, was also tun? Dann musste eben Sandras verschlossene, sehr gut befüllte Spardose dran glauben. Irgendwie musste doch an diese Kohle ranzukommen sein, auch ohne Schlüssel. Ich sage nur: Küchenmesser! Dann ging es los, die fünf D-Mark-Stücke fielen den Mädels nur so entgegen. Wie einfach das war, dass musste ein Zeichen sein! Freudestrahlend shoppten sie los, Richtung Krämerladen in die Süßwarenabteilung. Boah, was man damals für ein paar Mark kaufen konnte. Wahnsinn, ein Traum, der Sechser im Lotto. Tütenweise wurden die süßen Fressalien zum geheimen Vertilgungsort geschafft. Dann ging es los das große Fressen. In einem Zustand quälender Übelkeit und vollgestopft bis zum Anschlag schleppten sie sich nach Hause. Die Erwachsenen durften keinesfalls etwas merken und auch die neue Geldquelle musste geschützt werden, also rissen sie sich zusammen. Zeit verging, der Spardosenschlitz vergrößerte sich ins Überdimensionale. Ein Messer wurde schon lange nicht mehr benutzt. Einfach Dose umdrehen, schütteln und sogar Scheine fielen heraus. Dann stand der Weltspartag vor der Tür. Als ich das Unfassbare entdeckte, ein Rest von Spardose, waren es natürlich nicht Sandra und Claudia. Händeringend versuchten sie uns das zu verkaufen, ohne Erfolg. Muss ich erwähnen, dass dieser Tag dann zum persönlichen Weltuntergangstag der Mädels erklärt wurde? Aber auch dieses Szenario konnte sie nicht abhalten, weiter ging es. Adventskalender wurden sofort nach dem Kauf leergefuttert und genauso leer an die Wand gehängt. Natürlich waren nach ihren Angaben die Kalender nie befüllt gewesen, war wohl ein Herstellerfehler. Immer fiel es auf, immer machten sie weiter. Mittlerweile zeichnete sich auch der Schokogenuss unübersehbar auf Sandras Hüften ab. Doch Süßigkeiten waren plötzlich nicht mehr interessant und rückten in den Hintergrund. Dieser Zustand machte nun Platz für Deftiges. Man wurde ja schließlich älter und entwickelte neue Geschmäcker. So trug es sich zu, dass Dimitri,

Schwiegertochter, Sohn und ich zu einem Auswärtsspiel von Jörg aufbrachen. Die Mädels blieben gemeinsam bei uns, eine extrem ungünstige Entscheidung. Wir forderten wohl das Schicksal heraus. Ich verließ das Haus mit den Worten: „Benehmt euch und geht auf keinen Fall an das frische Graubrot. Dimitri braucht Brote für die Arbeit und heute ist Sonntag, wir können also nicht einkaufen." Wahrscheinlich habe ich undeutlich gesprochen, so war es wohl, denn wir waren gerade aus dem Haus, da musste es losgegangen sein. Gardinen flogen, Betten wurden zu Hüpfburgen umfunktioniert und Löffel wurden zu Mikrophonen. Diese Aktionen machten natürlich hungrig. „War da nicht noch Graubrot?! Gucken kostet ja nix! Oh, ein schönes Graubrot, groß, frisch und lecker, aber leider dürfen wir ja nicht." Dann war eben Kühlschrank-Glotzen angesagt. Der frische Schinken, Käse und Butter grinste die Mädels an, aber ohne Brot? „Mensch, eine Mini-Scheibe mit Belag darf jawohl drin sein, fällt doch eh nicht auf." Jetzt nahm die Mission Graubrot echte Formen an. Das Ende vom Lied war, ein harter Brotkanten blieb übrig und der Belag hatte sich ebenso enorm reduziert. Wieder Zuhause, stockte mir der Atem, den Mädels hatte ich genau das ausdrücklich verboten. Das gab Ärger! Aber dann unterbreiteten mir Sandra und Claudia ein Angebot. Reumütig boten sie an, beim Straßenkrämer, der in Notfällen auch für Stammkunden am Sonntag erreichbar war, ein neues Graubrot zu kaufen. So schlenderte das Doppelpack mit einem 20 D-Mark-Schein ausgestattet, fröhlich dem neuen Graubrot entgegen. Unterwegs steigerten sie sich phantasierend in das Märchen Hänsel & Gretel hinein, mit unmöglichen Folgen. Mit dem Wechselgeld und einem traumhaft unversehrten Graubrot in der Hand, traten sie den Rückweg an. Hänsel & Gretel geisterte weiterhin in ihren Köpfen umher, es kam wie es kommen musste. Kleine Brotkrumen wurden aus dem neuen Brot gepult und auf der Straße verteilt, fällt ja nicht auf -natürlich nicht! Das reichte aber nicht, denn es dämmerte bereits.

„Hm, das Wechselgeld schimmert bestimmt schön im Straßenlaternenlicht." Gesagt getan. Geldstücke und Brotkrumen flogen umher. Warum denn auch nicht? So passierte es, dass „Hänsel & Gretel" ohne Wechselgeld, mit einem zerrupften Graubrot vor der Tür standen. Natürlich hatten sie das Brot so gekauft und Wechselgeld gab es auch nicht. Brot war halt teuer. Mir platzte der Kragen, es reichte. Die beiden wurden mit Taschenlampen ausgestattet, um sämtliches Geld einzusammeln, was zu ihrem Glück auch gelang. Die beiden hielten mit ihren Aktionen wie Pech und Schwefel zusammen. Meine armen Nerven wurden an solchen Tagen überstrapaziert. Besonders „der Tag der Türzarge" ist mir lebendig und schmerzhaft in Erinnerung geblieben.

~

Ein ganz normales Kaffeetrinken an einem Sonntag in unserer Familie. Die Erwachsenen saßen lärmend am Tisch, Unmengen an Kaffee und Kuchen wurden vertilgt und unser neues schnuckeliges Familienmitglied, Hund Beppo, bellte lustig vor sich hin. Doch irgendwie lag da eine fast schon greifbare Spannung in der Luft, so was gibt es ja. Die Mädels waren übermütiger denn je und Dimitri hatte dazu schlechte Laune. Eine gefährliche Kombination.
Sandra und Claudia drehten also an diesem Nachmittag vor Übermut fast durch. Sie alberten non stop herum, quatschten Blödsinn und be-

nutzten dabei auch gerne heimlich den neuen jugendlichen Sprachjargon. Untermalt mit entsprechenden Gesten gehörten Wörter wie „fuck" und „geil" nun einfach dazu. Sie tobten durch Sandras Zimmer und kriegten sich nicht mehr ein. Irgendwann wurde Musik aufgelegt und die Boxen aufgerissen, eine wahnwitzige Tanzerei begann. Zwischendrin sprang Claudia auf den Schreibtisch, griff sich Sandras Haarspraydose und stolzierte wild mit überzogener Mikrophon-Gesangsmimik über den Tisch. Sandra simulierte dazu das völlig in Ekstase geratene Publikum „Hey, Yeah, Geil....Wo Wo Wow", dazu pfiff sie, passend zum Beat, auf einer Trillerpfeife. Lautstärkemäßig nicht mehr zu überbieten, erreichte der heiße brüllende Bass-Beat unsere Ohren. Dirk machte sich im Laufschritt auf und platzte genervt ins Kinderzimmer. Was er dort sah, brachte ihn zum Lachen, aber er durfte sich nichts anmerken lassen. „Was macht ihr da? Hitparade? Geht's noch? Schluss jetzt!" Dann knallte die Tür und er verschwand. Die Zwei standen da wie vom Blitz getroffen, man war das peinlich. Trotzdem, die Lachanfälle gingen von vorne los und sie steigerten sich in das Geschehene voll und ganz hinein. Claudia machte sich vor Lachen fast in die

Hose und raste im Eiltempo auf die Toilette. Sandra schmiedete unterdessen den übermütigen Plan, Claudia gleich mit einem Treppensprung aus unfassbarer Höhe und mit entsprechender frivoler Geste untermalt, zu erschrecken. Umgehend erklomm sie die Stufen und lauerte auf Claudias Rückkehr. Ah, da hörte Sandra sie auch schon kommen. Mit einem Hechtsprung katapultierte sich Sandra nach unten und brüllte dabei „Fuck you" während sie die Worte noch mit Gesten ausschmückte. Ja ich muss sagen, Dimitri staunte nicht schlecht, als ihm seine Tochter so entgegensprang…

Offensichtlich waren die Mädels nun ganz und gar von den heutigen erlebten Peinlichkeiten bedient, denn plötzlich hörte man gar nichts mehr von ihnen. Sehr merkwürdig. Der Grieche wurde hellhörig. Mit einem Mal lautes Getöse und Geschimpfe. Dann ein lautes Krachen und Knarzen. Totale Funkstille. Verzweifeltes Gemurmel. „Los, wir reparieren das!" Dimitri ballerte los: „Claudia und Sandra, wasse hirr los äh?" Sekunden später raste Claudia panisch in die Küche. „Sandra hat den Türrahmen rausgebrochen!!!" Mein Mann wechselte zusehends die Gesichtsfarbe, bekam einen unheilvollen Gesichtsausdruck, rote Ohren und glühten nicht auch seine Augen? Dann kam Sandra angerast „das stimmt doch gar nicht, ich war das nicht. Wir waren das!" Egal. Mit voller Wucht prügelte er auf Sandra ein. Ich saß fassungslos, wie angenagelt auf meinem Stuhl. Ich fürchtete mich plötzlich vor diesem Mann. Wie eine Bestie benahm er sich. Aber dann, Anke die heilige Schutzpatronin, sprang auf und hechtete auf Dimitri zu. Sie riss ihn weg. „Lass das Kind, du bist wohl verrückt!" Sandra und Claudia flüchteten zitternd unter den Küchentisch. Diesen Einsatz rechnete ich Anke verdammt hoch an. Leider hielt dieses Gefühl nicht lange an. Später musste ich nämlich erfahren, dass meine Enkelin noch am selben Abend eine gewaltige Tracht Prügel für ihr heutiges Benehmen kassiert hatte.

~

Es klingelte mal wieder zur besten Abendbrotzeit an der Haustür. Wer konnte dieser späte Gast sein? Natürlich, meine harmoniebedürftige Schwiegertochter mit meinem Sohn. Anlass dieses Überfallkommandos waren offenbar gute Neuigkeiten. Diese Neuigkeit lautete: „Anke ist wieder schwanger". Ich nahm diese Information nachdenklich zur Kenntnis, ich glaube ich schnappte kurz nach Luft, während mein Mann relativ gutlaunig den Sekt entkorkte.

Im folgenden Frühjahr war es dann soweit, Anke lag mit der neuen Erdenbürgerin Michaela im Krankenhaus und Dirk feierte mit seinem Kumpel und dessen Sohn so vor sich hin. Er genoss den Zustand der noch sturmfreien Bude. In extremer Feierlaune wurden Fischköpfe abgebissen, ja man will es eigentlich nicht wissen oder glauben, aber so ging es dort zu. Claudia berichtete mir schluchzend von solchen Szenarien, denn meine Enkelin wurde bei solchen Festivitäten überhaupt nicht mehr beachtet und stattdessen zusammen mit diesem, ihr fremden, Jungen ins Bett verfrachtet. Nun denn, irgendwann war dieser Zauber jedenfalls vorbei und Anke herrschte wieder über Haus und Hof. Sie fand auch, dass die Wohnung zu klein wäre und so oder so wollte sie wieder zurück in ihre alte Heimat. Ihre Stadt, ihre Straße, ihr Block - basta! Wer traute sich da zu widersprechen?!

13 *Minuten und 8,2 Kilometer entfernt.*

Der auserwählte Wohnort, auch Siedlung der Gesetzlosen genannt, ist nun Claudias neue Heimat. Willkommen im Milieu.

Claudias neue Heimat - würde nun dort alles besser und schöner werden? Leider nein. Die Mädels überbrückten die Distanz mit täglichen Telefonaten, am liebsten, wenn Anke arbeiten war. Denn, war Anke da, schloss sie das Telefon ab! Diese Kontrolle war genau nach Ankes Gusto und wehe, es tanzte irgendwer oder irgendwas aus der Reihe, dann Gnade Gott. Ankes Abwesenheiten wurden daher wirklich genossen und zelebriert. Dirk gönnte sich in diesen Zeiten voller Frieden und Glückseligkeit gerne ein bis zwei Bierchen und schwofte zu Shantys, währenddessen wurde Michaela von Claudia bespaßt. Das Claudia sich kümmerte war anfangs vielleicht noch begrüßenswert, wurde aber immer verrückter. Bald war es so, dass meine Enkelin sich überhaupt nicht mehr zum Spielen mit Nachbarskindern verabreden konnte, denn immer hatte sie Michaela im Schlepptau und wer hatte darauf schon Lust? Musste sie einmal nicht aufpassen, so wartete garantiert ein Berg Wäsche oder andere Hausarbeiten auf Erledigung. Ankes pure Gehässigkeit - Aschenputtel ließ grüßen. Claudias Gesicht wurde immer länger und Ankes Stimmung besser. Für Anke war es traumhaft, wenn sie andere Familienmitglieder unterdrücken konnte. Trällernd lief sie umher, während der Rest ihrer Familie Rotz und Schnotten heulte und verunsichert umherschlich. Dazu kam, dass Dirk meinte, sich erneut einen Freiraum schaffen zu müssen, indem er sich mal schnell nebenbei beruflich weiterbildete. Von da an musste Claudia noch öfter auf ihre Schwester aufpassen und hatte gar keine Freizeit mehr. Parallel dazu nahm Ankes Putz- und Sammelwahn ungeahnte Dimensionen an. Steigerungen waren doch tatsächlich noch möglich, wer hätte das gedacht. Zur täglichen Reinigung gehörten jetzt sämtliche Lichtschalter, Türklinken, das Kämmen der Teppichfransen mit einer speziellen Bürste und das Abstauben von grottigem Nippes. Es stand einfach überall irgendwas herum, vollgepresste Schränke und Räume, wohin man sah. Ohne Karte und Kompass fand man hier gar nichts, nicht einmal den Ausgang. Aber natürlich hatte unsere minimalistische Anke ihr System und bemerkte sofort, wenn ein Ding nicht mehr an seinem Platz verstaubte. Ein Heim zum Wohlfühlen! Hier verfeinerte sie auch ihre „Bettenmach-Wasserwaagen-Technik", so schlimm wie es sich anhörte war es auch. Das Glattstreichen der Oberbetten wurde mit ihrer eigens entwickelten „Besenstiel-Technik" vollzogen. Niemand, aber auch wirklich niemand durfte nach dieser Zeremonie das Bett auch nur schief angucken. So und nicht anders wurden laut Anke sämtliche Betten der Welt gemacht, und wer ihrem Beispiel nicht folgte war ein faules Dreckschwein oder eine Schlampe, vielleicht auch beides. Ohne Rücksicht auf Verluste räumte Anke dazu überaus gern und spontan, Claudias Kleiderschrankinhalt aus. Man stelle sich vor, die gesamte Füllung des Schrankes wurde herausgefegt und mitten im Kinderzimmer aufgetürmt. Das sah dann nicht sehr schön aus. Polternd befahl Anke dann: „Du alte Dreck-Oma, du Pottsau, räum das auf, sofort!" Am liebsten startete meine Lieblingsschwiegertochter diese Aktion, wenn sich die Mädels für ein Übernachtungs-wochenende verabredet hatten. Sehr einladend und damit war klar, dass Sandra dort äußerst ungern nächtigte. Nicht einmal ein Pups durfte einem entweichen, auch nicht aus Versehen. Passierte es doch, folgte die Todesstrafe! Man wurde von Anke beschimpft: „Ihr widerlichen Schweine habt ja alle kein Benehmen!" und auf den Balkon verbannt. So kam es vor, dass Claudia und Sandra bei Minusgraden vor Kälte bibbernd, minutenlang dort verharren musste. Aber man gewöhnt sich offenbar an alles, und meine Mädels hielten zusammen. Sie ließen sich schon bald nicht mehr von Ankes Eskapaden beeindrucken, was diese dann mit weitaus schärferen morgendlichen Lüftungsexzessen, Staubwedel schwingend und mit noch ungünstigerer Laune beantwortete. Ein Hoch auf die Gemütlichkeit!!! Ja, so begann für Anke ein wirklich guter Tag. Die Stimmung war offensichtlich am absoluten Tiefpunkt angekommen, sie hatte alles richtiggemacht. Und wehe, man kam auf die Idee, Anke mit einem Frühstück und lieben Worten zu besänftigen, dann war was los! Frühstück brauchte dann niemand mehr.

„Mittagessen ist fertig, alle antreten!", so tönte es aus der Küche. Oh Gott! Gänsehaut! Natürlich richtete sich das Menu ausschließlich nach Anke und ihrer derzeitigen Diät, und die Holde war ja ständig auf Diät. Ohne Rücksicht auf Verluste kochte sie wie von Sinnen die fürchterlichsten Gemüsegerichte. Hells Kitchen bekam hier noch einmal eine ganz andere Bedeutung. Ich sage nur „Möhren-Hölle!" Claudia und Sandra waren keine Fans von gedünsteten frischen Möhren. Claudia ekelte sich. Gegen ein famoses Zartgemüse aus der Dose hätten sie keine Einwände gehabt, aber so ein Zeugs? Da saßen sie nun vor einem Riesenberg Möhren. Stocksteif und jämmerlich, auf ihren Stühlen hockend, hypnotisierten sie die Möhren und hofften auf ein Wunder, oder ein Karnickel. Die Stimmung sank weit unter den Gefrierpunkt. Die Mädels schwitzten und glotzten, Anke beobachtete alles mit Adleraugen. Claudia würgte, Anke befahl vergnügt aufzuessen. Hilflos versuchten die Mädels sich über Blicke und Gesten zu verständigen. Was tun? Dann ein kurzer Lichtblick, es musste blitzschnell reagiert werden. Anke drehte sich für wenige Sekunden vom Tisch weg, sie wollte für sich Nachschlag holen. Augenblicklich, sie verstanden sich blind, warf Claudia ihre Restmöhren auf Sandras Teller, diese kämpfte schon mit ihrer eigenen Portion und stopfte sich daher alle Möhren die sie schnappen konnte in die Hosentaschen. Diese Not! Mit den Worten: „Ich muss mal" entschwand Sandra auf die Toilette, warf die Taschenmöhren ins Klo, den Rest des abartigen Gemüses spuckte sie aus. Das war Teamarbeit und so war das mit der Möhren-Hölle! Einfach urgemütlich. Gemütlicher wurde es nur noch durch Claudias zahlreiche Stubenarreste, die gnadenlos von Anke angeordnet und durchgezogen wurden, begleitet von liebevollen Sätzen wie: „Die Michaela, die wird nie so wie du, aus deiner Schwester da wird mal was!" oder: „Ach weißte Claudia, Kinder sind wie Pfannkuchen, die ersten werden eh nichts, hahaha!"

Zum Glück gab es Ankes Spätdienste, herrliche Zeiten. Dirk hatte dann oft Mitleid und erlaubte seiner Tochter das heimische Gefängnis zu verlassen. Allerdings musste sie fünfzehn Minuten vor Ankes Rückkehr Zuhause sein. Denn, dann startete pünktlich die allabendliche Tatortreinigung. Anke musste einfach eine sauber aufgeräumte Wohnung präsentiert bekommen. Kein Indiz durfte auf einen Stubenarrestbruch oder andere fröhliche Aktivitäten hinweisen. Falls doch, war die Abendstimmung dem Untergang geweiht. Verbale und handgreifliche Attacken waren dann angesagt. So betrat sie nach Dienstschluss motzend die Wohnung. Irgendeine Nichtigkeit saß ihr immer quer und ließ sie regelrecht explodieren. Das galt auch für Pünktlichkeit. Bereits eine Minute nach vereinbarter Zeit lief Anke auf Hochtouren. Zwei Minuten nach der Zeit waren schon nicht mehr aushaltbar. Dann wurde lautstark auf Dirk eingewirkt „Du fährst jetzt sofort los und sammelst DEINE Tochter ein und dann gibt es Ärger, da kann sie sich schon freuen. Aber so richtig, sag ihr das!" Egal, ob sich Dirk auf dem Sofa totstellte, duschte oder einen Toilettengang absolvierte, er musste los, umgehend. Das Ende vom Lied war, er hatte gerade säuerlich im Wagen Platz genommen, dass Claudia fast zeitgleich um die Ecke geschossen kam. Dirk war dann sauer, Claudia ängstlich und Anke…ach lassen wir das! Das Zusammenleben wurde merklich unerfreulicher. Dirk blickte öfter ins Glas, oftmals gerne tiefer als üblich, was Anke bis aufs Blut provozierte und zu Höchstleistungen ansspornte. Mit Beleidigungen und Entgleisungen vom Feinsten trumpfte sie auf.

„Sei endlich still, halt dein Maul, sonst passiert gleich was", Dirk riet ihr drohend aufzuhören, aber Anke fand das höchst amüsant und machte weiter.

„Ja, was passiert denn dann? Sag doch mal, du alter Säufer…" Claudia zwang sich unterdessen einzuschlafen, um von diesem Irrsinn nichts mehr zu hören. Decke über den Kopf und durch. Am nächsten Morgen war Anke für Claudias Geschmack aber doch eine Idee zu ruhig. Das Kind schaute nach dem Rechten und war geschockt, ihre Befürchtungen hatten sich wohl erfüllt. Ihre Mutter lag mit blauen Flecken übersät im Bett. Dirk hatte dieses Mal die Kontrolle verloren. Gesprochen wurde über diesen Vorfall nie! Getrennt haben sie sich aber auch nicht! Stattdessen schwieg man. Dirk kroch einfach irgendwann mit Blumen, Pralinen und großen Änderungsprophezeiungen, bettelnd und devot zu Kreuze. Anke genoss diese Darbietung, ließ ihn dennoch zappeln. Sie hatte ja schließlich nichts falsch gemacht. Sie war hier jawohl die Gute! Das nächste Unglück ließ sich auch nicht lange bitten. Mein Dirk, nach eigenen Prophezeiungen nun stark verändert, hatte Partylaune. Wen sprach er an? Natürlich, Ankes enorm trinkfesten Bruder Peter. Peter war der Partymacher. Immer lockere Sprüche, Mädels am Start, ein Lebemann. Peter ließ sich mit Aussicht auf freie Kost und Spirituosen nicht lange bitten und kehrte bereits groovend ein. Hochprozentiges stand parat, die Anlage dröhnte. Die Zwei-Mann-Party und die Pegel stiegen turbomäßig. Die Uhrzeit, das Aufräumen, alles wurde ausgeblendet.

Plötzlich 20:00 Uhr!
Da stand sie!
Attacke!

Dirk versuchte mit letzten jämmerlichen Reserven Anke lieb und nett zum Mitfeiern zu animieren. Er hätte es besser wissen müssen, viel besser. Peter allerdings witterte das Unheil, er kannte seine Schwester und verdünnisierte sich unauffällig und sofort. Es folgte ein Streit. Am Morgen danach beteuerte Dirk hingebungsvoll und im Rückblick stark brechreizerzeugend seine Unschuld am gestrigen Fehltritt der Freude. Denn nicht er, oh nein, der Peter hätte ihn zum Feiern genötigt. Jawohl genötigt! Er, Dirk, hätte ganz gemütlich auf der Couch gesessen und wollte später ein schönes Abendessen vorbereiten. Aber dann hätte es halt geklingelt. „Ehrenwort, nie wieder lasse ich mich so von Peter überrumpeln, du kennst ihn ja…"

Da hatte er die Worte so einfach über die Lippen gebracht, aber die Rechnung ohne Anke gemacht. Sie wollte eine Gegenüberstellung und zwar sofort! Sie fuhren los - zu Peter. Dort am Haus angekommen stieg Dirk aus dem Auto. Anke blieb mit herunter gekurbelter Scheibe im Auto sitzen. Luftlinie zu Peters Haustür circa vier Meter. Dirk klingelte, Peter öffnete, Anke starrte und Dirk schrie: „Wenn du mich noch einmal zum Saufen verführst, du dösiger Blödmann, ich wollte das ja gar nicht…"

Peter glotzte fassungslos, Dirk stieg wieder ins Auto und Anke hatte Glanzlaune. Abfahrt.

~

Während also Claudia versuchte sich einzuleben ging bei uns alles seinen alltäglichen Lauf. Die Demenz meiner Mutter schritt unaufhaltsam fort und wurde für mich immer furchtbarer. Sandra unterstützte mich, soweit es einem Kind möglich war. Dimitri frischte seine Deutschkenntnisse auf und erfand hier und da ein paar neue Wörter. Je besser ich und Sandra ihn verstehen konnten, je mehr fiel auch auf, dass er manchmal schon sehr mysteriös und ausweichend sein konnte. Sandra war das relativ egal, sie hatte ja mich und Claudia. Ihr Vater war ihr einfach zu steif, weltfremd und irgendwie so oder so nicht von dieser Welt. Mit seiner übertriebenen Art, fast schon distanzlos, gerade was seine Begrüßungszeremonien anging, war er ein wirklich seltsamer Vogel. Sie fragte mich schon als Kind, wie ich das nur aushalten könne. Später stellte auch ich mir diese Frage zunehmend öfter. Aber mal ehrlich, warum hatte er auch so gar keinen Kontakt zu seiner Herkunftsfamilie?! In der Tat war das komisch! Auf meine wiederholten Nachfragen bekam ich nur ausweichende Antworten. „Äh isse alle gut, kein Probeläme, nur auße Aug verlore." Aha! Aber da kannte er mich schlecht, ich ließ nicht locker. Wahrscheinlich fühlte er sich in die Enge getrieben, jedenfalls voila, plötzlich entstand eine, vorerst telefonische, Verbindung nach Griechenland. Ich wusste zwar nicht was gesprochen wurde, aber wenigstens wurde gesprochen.

5 *Minuten später.*

Puh, meine Mutter hat wieder alles vergessen...

Yippie, Übernachtungswochenende, dieses Mal bei uns!!! Mit Engelszungen hatte ich meine Schwiegertochter Anke, gefühlt stundenlang, überredet. Sie genoss solche Momente, eine wirklich kranke Frau. Claudia war froh, wenn sie dieses, ihr auferlegte Irrenhaus, wenigstens für eine kurze Zeit verlassen konnte. Verrückt wurde man da.

Die Mädels hatten Spass mit meiner dementen Mutter. Immer schlimmer wurde ihr Zustand, viel ging nicht mehr. Für Claudia und Sandra war es eine lustige Angelegenheit und meine Mutter war mal für eine Weile abgelenkt. „Rock hoch, Kaffee kocht". Der Rock meiner Mutter wurde hochgeschleudert. Uijuijui, da war dann was los! Die Demenz war für wenige Minuten vollkommen vergessen. Meine Mutter wurde fuchsteufelswild und rannte hinter Sandra und Claudia her, dabei rief sie höchst erbost „wenn ich euch kriege", genauso wollten die beiden das haben. Freudig und ängstlich zugleich kauerten sie sich unter dem Küchentisch zusammen, in der Hoffnung, dass die Demenz bei Oma zurückkehrte. Manchmal dauerte es etwas länger, aber es passierte immer. Auf die Demenz war Verlass. Danach stimmten sie schöne Lieder an und sangen aus vollen Hälsen. „Aloa `Oe"! Das Singen und Musik liebte meine Mutter, aber mich erkannte sie da schon lange nicht mehr, schwer war das.

Die Übernachtungen bei uns waren für Claudia jedenfalls wie Urlaub. Bei uns durfte man Kind sein. Es wurde Skateboard und Roller, im Winter Gleitschuh und Schlitten gefahren. Dimitri stand abwartend immer mit einer Flasche Jod parat. Schrammen und kleine Verletzungen waren bei den Mädels Programm und es durfte sich sogar dreckig gemacht werden, und zu essen gab es leckere Sachen, die ich in meiner Kellerküche brutzelte, kochte und buk. Oft saßen die Kinder und ich dort beisammen. Obwohl es ein Keller war, war es dort warm und gemütlich. Ich liebe diese Erinnerung. Abends fielen die Mädels dann halb tot ins Gästezimmerehebett mit ihrem Lieblings-Rüschen-Überwurf. Dieses Gästezimmer war ein Mädchentraum, dort fühlten sie sich wie Prinzessinnen. Und erst der große Kleiderschrank! Der lud oft zu wilden Verkleidungen ein. Himmel, was hatte ich da im Laufe der Zeit alles angesammelt.

Und wurden sie morgens dann doch mal geweckt, wenn Dimitri im Ivan Rebroff-Outfit, im Exzess alle Fenster aufriss, bevor er im Anschluss daran, scheinbar umgehend zur Antarktis aufbrach, war das nicht so wild. So war unser Dimitri. War sein Verhalten doch anfangs vielleicht noch amüsant, konnte man bereits gewisse Parallelen zu Anke erkennen. Aber noch schlummerten diese leise, und noch ließ sich der Grieche durch Worte lenken. Sandra sagte dann oft „man Papa, muss das jetzt sein?". Dann grinste er und verließ, mit sich selbst weiterredend, die Gemächer. Eine schöne Zeit. Getrübt wurde diese Zeit leider durch den Verlust meiner Mutter. Es kam der Tag, da hatte die Demenz vollständig gewonnen. Die letzten Monate waren die Hölle, ein Säugling gefangen im Körper einer Erwachsenen. Ihr Lebenspartner, an den sich meine Mutter an einem schönen Morgen plötzlich nicht mehr erinnerte und nie mehr erinnern sollte, hatte bereits das Handtuch geworfen. Er war in seine Heimatstadt zurückgegangen. Übel nahm ich es ihm nicht. An manchen Tagen hätte auch ich gerne das Handtuch geworfen. Aber so nahm mir eines Tages die Krankheit meiner Mutter diese Entscheidung ab. Mama starb.

~

Trotz meiner großen Trauer konnte ich etwas zur Ruhe kommen und ein wenig an mich denken. So nutzte ich meine neu gewonnene Freizeit für die angenehmeren Dinge im Leben, Krankheiten! Hatte ich vorher gut und gerne alle Alarmzeichen ausgeblendet, war es jetzt leider nicht mehr von der Hand zu weisen. Mein Herz war nicht mehr das beste. Ich wurde von links auf rechts gedreht, von Arzt zu Arzt geschleppt und es folgte der ein oder andere Krankenhausaufenthalt. Das war ja was für mich! Zeit meines Lebens war ich das Arbeitstier in Person. Jetzt sollte ich die Notbremse ziehen? Wohl kaum.

In den Zeiten meiner Abwesenheit musste Sandra herhalten. So jung wie sie war, schmiss sie den gesamten Haushalt. Sie sorgte übergangslos für Dimitris Wohlbefinden und seine gewollte Tagesstruktur. Im Nachhinein war das viel zu viel für ein Kind. Für Dimitri war das allerdings nie ein Thema, oder gar erwähnenswert. Er erledigte nach wie vor mit einer Selbstverständlichkeit ausschließlich *seine* Dinge. Im Klartext, er blockierte mit einer Vehemenz, täglich stundenlang das Badezimmer, mähte im Sommer den Rasen und grillte. Im Winter schob er Schnee, Sylvester zündete er das Feuerwerk. Ansonsten zog er täglich seine Lüftungsorgien durch, verformte sein Haupthaar, richtete Schuhe mit Spannern aus, trug ausnahmslos Anzüge und erzählte in epischer Breite über Politik und seinen Arbeitsplatz. Dabei erregte er sich oftmals über Nichtigkeiten, dass es fast gruselig wurde. Gerne beschuldigte er auch mich oder andere Mitmenschen, wenn ihm mal wieder ein Missgeschick passiert war. Ansonsten genoss er selig und in vollen Zügen sein „Rundum-Sorglos- Paket". In den Zeiten meiner Abwesenheit fühlte sich Sandra daher Zuhause gänzlich unwohl, denn nun fielen die von ihr bereits erahnten Charakterzüge besonders auf. Es lag wohl nicht zuletzt an der deutschen Sprache, die Dimitri immer besser sprach und verstand. Da kamen plötzlich Sätze wie, „ich bin fehlerlos" aus seinem Mund, und die waren auch so gemeint! Er fiel dazu immer öfter durch seltsames Verhalten auf. So kam es vor, dass er neuerdings mit dreimal X wichtige Dokumente unterschrieb. Darauf angesprochen, grinste er nur und faselte dummes Zeug. Sein Motiv blieb unklar. Aktenzeichen Triple X ungelöst.

Meine neu entdeckte Krankheit und Dimitris Charakter im Wandel der Zeit, machten es also nicht einfacher. Oft versuchte ich das alles unter den Teppich zu kehren, manchmal resignierte ich sogar. Auf Dauer konnte und wollte ich mich diesen negativen Gefühlen nicht hingeben. Ich brauchte Ablenkung und die ließ nicht lange auf sich warten. Onkel Ricky, der Bruder meiner Mutter reiste an und verkündete, er wolle gerne bei uns einziehen. Nach dem Tod seiner Frau fühlte er sich alleine in der großen Wohnung nicht mehr wohl. Onkel Ricky hatte diese Zitterkrankheit, war leicht schwerhörig, aber sonst topfit. Er hatte in der Foto- und Werbebranche gearbeitet, richtig was auf dem Kasten und wusste Spannendes zu berichten. Besonders Dimitri verstand sich glänzend mit ihm. So konnte ich gleich zwei Fliegen mit einer Klappe schlagen. Mein Mann bekam ein neues Opfer zum Zutexten und es floss etwas mehr Geld in die Haushaltskasse.

Herzlich Willkommen Onkel Ricky!

7

Fässer Wein können uns nicht gefährlich sein... lalala. Doch, irgendwie schon!

Während „der Kaiser" lautstark aus der Anlage im legendären Jörg-Partykeller sang, sank bei meiner Schwiegertochter Sabine zunehmend das Benehmen. Grund dafür waren sicher die zahlreichen Drinks, die sie in Lichtgeschwindigkeit hinunterkippte! Plötzlich wurde aus der extrem grauen Maus ein verführerischer Vamp. Bekam Madame sonst die Zähne nicht auseinander, und wenn doch, dann nur um sich umständlich eine Kippe anzuzünden, so war es an solchen Partyabenden gänzlich anders. Sabine grölte lauthals über alles, laberte wie ein Wasserfall und zelebrierte sich lallend selbst. Ihr Selbstbewusstsein stieg wie ihr Pegel von null auf hundert. In dieser unerträglichen Stimmung war sie im höchsten Maße der Männerwelt zugetan, „Maneater" nennt man solche Frauenzimmer heute oder? Egal ob tot, lebendig, mit oder ohne Haar, verheiratet oder geschieden, alt oder jung, dick und doof, Hauptsache irgendwie willig. Sie war der Meinung, dass sich die gesamte Männerwelt nach ihr verzehrte. So passierte es, dass Sabine einen ihr bis dato völlig unbekannten männlichen Gast, eine Urlaubsbekanntschaft unsererseits, beherzt in den Heizungskeller zerrte und lüstern über ihn herfiel. Solche Aktionen waren für uns fast normal, doch nicht für die Gäste. Diese Gäste kamen einmal und dann nie wieder. Das Unglaubliche aber war, ich hatte nie den Eindruck, dass Sabine ihr Benehmen peinlich war. Nie! Sie machte immer gleich da weiter, wo sie abends aufgehört hatte. Anfangs trank sie heimlich, meinte sie, später noch heimlicher, meinte sie noch immer. Heute ist sie uns mittlerweile unheimlich überlegen, was die Verzehrmenge an Alkohol angeht. Wir versuchten sie davon abzubringen, doch ohne Erfolg. Die Mädels ließen solche Aktionen jedenfalls kalt. An solchen Abenden hatten die beiden freie Bahn und blieben von den Erwachsenen weitestgehend unbeobachtet, denn die hatten ja schließlich peinlichere Dinge zu regeln. Hemmungslos spielten sie dann Barkeeper, kamen sich erwachsen vor und tranken auch darauf, und zwar die Reste aus den Gläsern der Gäste. Beschwingt und übermütig ließen die Mädels solche Abende mit einem schönen Glas Rotwein, frisch gezapft aus der Feuerlöscher-Wandattrappe und einer guten Zigarette ausklingen. Ganz so war es natürlich nicht! Ich hatte schon ein Auge auf Sandra und Claudia. Aber mit fünfzehn Jahren durften sie gerne die ein oder andere eigene Erfahrung machen. Übertrieben haben sie nie.

~

RAUCHEN! So groß wie das Wort, war das Thema Rauchen bei Dirk und Anke. Selbst die Schwangerschaft mit Claudia hielt Anke damals nicht davon ab, täglich ihre vierzig Kippen zu qualmen, was sie natürlich abstritt.

Eines schönen Tages wollten Dirk, Anke und Michaela ganz spontan Claudia von der Schule abholen. Leider war Claudia nicht spontan genug um zu verschwinden, als sie das heranfahrende grüne Höllenmobil erkannte. So passierte es, dass sie von ihren Eltern in flagranti mit angezündeter Kippe, die viel zu spät in die Hecke flog, erwischt wurde. Mit letzten Reserven blies meine Enkelin den Rauch aus, dann schwante ihr Böses. Anke galoppierte auf ihre Tochter zu.

„Anhauchen! Hast du geraucht?"

„Nein!"

Ankes Hand klatschte in Claudias Gesicht. „Lügnerin, sofort einsteigen!"
Eine wortlose Abfahrt voller Peinlichkeit und
Scham folgte. Claudias Schulfreunde staunten
fassungslos und winkend dem Auto hinterher.
Diese Zeremonie sollte sich von nun an wieder-
holen. Operation Kippe war gestartet! Egal wo,
Claudia wurde beschattet. Anke machte ein hin-
terlistiges Spiel daraus. Selbst Michaela wurde
zum Spitzel ausgebildet und petzte, trotz Beste-
chung, direkt nach dem Eisgenuss alles weiter.
Claudia bekam Stubenarrest plus Besuchsverbot.
Dazu stand Lernen, Lernen und nochmals Lernen
auf ihrem Freizeitplan. Als wenn das nicht schon
reichte, wurde ihr auch noch das eh schon überaus klägliche Taschengeld gestrichen. Claudia
war langsam aber sicher am Ende. Gänzlich in
die Enge getrieben, wusste sie sich nur noch so
zu helfen, indem sie ihrem Vater einen größeren
Geldschein aus seinem Geheimsparfach entwen-
dete. Dirk sparte für sich ganz allein und hatte
dabei nicht eine einzige Mark für seine Tochter
übrig? Jedenfalls bemerkte Dagobert-Dirk, nach
seinem täglichen Geldzählbad, voller Wut den
fehlenden Schein. Sagen konnte der Dieb von
Bagdad aber nichts, denn er erinnerte sich wohl

an seine damalige, schon recht kriminelle, Spar-
kontoplünderung. Außerdem durfte Anke nichts
von seinem Sparfach erfahren. Hier traute sich
offensichtlich niemand mehr über den Weg.

Claudia hockte also arrestmäßig Zuhause. De-
pressionen machten sich breit, selbst Dirk wurde
immer gereizter.

„Papa, darf ich bitte raus, ich halte das nicht mehr
aus."

„Nein, dieses Mal nicht, für die Lügerei und Steh-
lerei bleibst du drin." Hier sprach jawohl bereits
Anke aus ihm! So zogen die Nachmittage ins
Land. Irgendwann hielt Claudia es nicht mehr
aus, ihr war so langweilig. Eine zuvor stibitzte
Kippe war die Lösung.

Tür zu. Fenster auf- Kippe an. Dirk!

„Mach die Tür auf!"

Claudia reagierte erst einmal gar nicht. Keine
gute Idee.

„Ich sagte mach die Tür auf, was machst du da
drin?"

„Ich will meine Ruhe haben!"

„Ruhe??? Mach sofort auf bevor ich ausflippe!"

Nun wurde sie doch hellhörig, schmiss die Kippe
weg und fächerte wie irre Frischluft ins Zimmer,

dann öffnete sie. Dirk schnüffelte: „Du hast geraucht!"

Claudia rannte, bereits starkes Unheil ahnend, an ihrem Vater vorbei und flüchtete ins Wohnzimmer. Dirk, offensichtlich zum Drogenfahnder mutiert, hinterher. Seine Laune war am persönlichen Siedepunkt angekommen. Er griff sich den Hartplastik-Teppichklopfer und hechtete mit den Worten „ich schlage dich tot" hinter seiner Tochter her. Irgendwann hatte er Claudia in die Zimmerecke getrieben, was gar nicht so einfach war, denn Claudia war schnell, und schlug mit dem Klopfer auf sie ein. Das Blumenmuster war tagelang auf ihrem Po und Oberschenkel sichtbar. Grausam! Wollte er vor seiner Teenager-Tochter den harten Mann spielen? Stunden später entschuldigte er sich, wie er es auch immer bei seiner Frau tat. So was kann man aber nicht vergessen und es passierte wieder. Mal flippte Anke aus, mal Dirk. Das hielt sich die Waage. Und Claudia musste mit diesen Launen jonglieren, oftmals auch ausspielen um wenigstens für sich etwas Gutes dabei rauszuholen. Gut, dass sie uns noch hatte. Das brachte wenigstens etwas Stabilität.

8 *Rouladen waren es, nun sind es nur noch vier!*

Ungläubig starre ich in meinen Bräter. Ich kann nicht behaupten, dass meine Laune an diesem Sonntagmittag besonders gut ist...

Der Samstagabend davor. Ich hatte für Sonntag vorgekocht und nun standen die Rouladen fix und fertig im Vorratskeller. Dimitri lag derweilen in der Wanne, pflegte sich zu Tode und die Mädels durften zusammen das Wochenende verbringen. Ich hatte ihnen erlaubt mit dem Bus in die Disco zu fahren. Diese Dorf-Disco öffnete schon am späten Nachmittag und schloss Schlag Mitternacht. Abgeholt wurden sie vom Vater einer Freundin. Claudia und Sandra waren ja mittlerweile im Disco-Alter. Beide waren zu richtigen Schönheiten herangewachsen. Sandra kämpfte zwar hin und wieder mit ein paar Pfunden zu viel auf der Waage, was ihr aber nur halb so viel ausmachte wie uns. Die Dinge die sie tat, tat sie zu hundert Prozent. Sie war beliebt und traute sich auch die negativen Dinge näher zu betrachten. Ich hatte sie gut erzogen. Bei Claudia war das ähnlich. Manches Mal aber verließ sie zu schnell der Mut, die anfängliche Begeisterung für eine Sache wurde durch die Angst zu versagen überlagert. Daher waren die beiden das perfekte Paar, sie ergänzten sich wo es nur ging. Ich steuerte also meinem wohlverdienten Feierabend entgegen, schwang mich gerade auf das Sofa, da klingelte das Telefon.

„Hallo"

„Gibst du mir mal Claudia, ich muss sie was fragen."

„Hallo Anke, alles klar bei dir?!"

„Jaha, gib mir Claudia!"

„Du, die sind gar nicht da. Die beiden sind in der Disco, ist doch Samstag. Sie wollten mal wieder gerne…"

Eisiges Schweigen.

Mein Blutdruck stieg.

„Wie konntest du das denn wohl erlauben, ich glaube ich spinne, die kann was erleben. Diese Lügnerin."

„Aber Anke, ist doch nicht schlimm. Du kennst doch unsere Disco. Die beiden sind 16, nun lass ihnen mal das bisschen Spass."

„Spass, als wenn die schon irgendwas geleistet hätten, um Spass zu haben".

BAM, aufgelegt.

Na das konnte ja heiter werden. Wahrscheinlich fuhr Dirk, von Anke verbal in den Wahnsinn getrieben, bereits den Wagen vor. Die schlug doch nicht wirklich in der Disco auf?! So langsam ging mir diese Familie richtig auf die Nerven. Die konnte man doch nicht mehr für voll nehmen. Ich dachte mir meinen Teil und widmete mich weiter dem TV-Programm.

Fast zeitgleich in der Dorf-Disco:
„Das Schönste was Füße tun können ist Tanzen-Okay" lalala! Und das taten sie auch. Es wurde getanzt, als gäbe es kein Morgen mehr. Ab und an wurde sich ein klebriger Hausdrink gegönnt. So ein Zeug namens grüne Wiese oder Batida-Kirsch. Mehr Schein als Sein, aber es fühlte sich schon derbe erwachsen an. Erste Knutsch- und Beziehungsversuche wurden gestartet, nichts Ungewöhnliches in dem Alter. Claudia hatte sich dafür einen jungen Mann, Markus Brandmöller, angelacht. Damals noch ein toller Hecht. Ob blond, rot oder braun, Markus stand aber auf viele Frauen. Dieses Phänomen konnte man, so stellte Claudia später fest, in seinem Zimmer be-staunen. Wo andere eine Tapete hatten, hatte Markus seinen Verflossenen ein Denkmal ge-

klebt. Lächelnde Frauengesichter soweit das Auge reichte. Das gab Claudia stark zu denken. Zu jener Zeit tanzte dieser Hr. Brandmöller jedenfalls noch wild mit. Plötzlich verstummten die Bässe und der DJ krächzte durchs Mikro.

„Achtung Achtung, Claudia bitte zum Ausgang, Claudia bitte-piep"

Was?

Hä?

Und wieder „Achtung, Claudia bitte sofort zum Ausgang, SOFORT bitte-piep"

Hatten die Mädels richtig gehört? Sie hatten! Denn da erblickten Sandra und Claudia zeitgleich eine Fata Morgana. War das ANKE?! War SIE das wirklich? Schock, sie war es, und sie marschierte im Stechschritt durch die Disco. Sie fiel extrem auf, fremdschämende Blicke überall. Sandra und Claudia hatten alle Sinne geschärft, augenblicklich schlitterten sie unter eine bereits belegte Sitzbank. Neugierig wurden sie von den dort sitzenden Gästen beäugt. Claudia gab zu verstehen, dass es um Leben und Tod ging! Die Zwei harrten aus. Mein Gott, peinlicher ging es kaum. Unterdessen streifte Anke weiter durch die Disco, scannte die Tanzfläche, wartete und wartete…es war grausam. Doch die Mädels bewiesen

Mut und reagierten überhaupt nicht. Sie kamen nicht aus ihrem Versteck. Sie ignorierten Ankes Auftritt absolut. Man spürte deutlich Claudias Gegenwehr. Was hatte sie auch zu verlieren? Stubenarrest war ihr eh sicher, also blieben sie dort hocken und warteten. Irgendwann verließ Anke hasserfüllt den Schauplatz des Tanzes. Die Mädels feierten befreit weiter. Was in Teufels Namen hatte Anke dort überhaupt zu suchen?

Gegen Mitternacht hörte ich die Haustür. Ah, die Mädels waren zurück, beruhigt schlief ich wieder ein. Irgendwann in der Nacht machten sich die beiden auf den Weg in den Vorratskeller, denn sie hatten großen Appetit. Discobesuche machten hungrig. Als sie den Bräter mit den köstlichen Rouladen entdeckten, konnten sie ihr Glück kaum fassen. Es übermannte sie förmlich. Der Verstand setzte offensichtlich aus. Es wurde nämlich überhaupt nicht überlegt. Vier Rouladen wurden schmatzend und voller Wonne vertilgt-lecker.

Sonntag, ich war sauer! Manche Charakterzüge konnte auch ich nicht mehr ändern. Dimitri jammerte und maulte über die abhanden gekommenen Rouladen und was er denn nun essen solle. Jaja, das war sein einziges Problem. Immer schön pünktlich das Essen serviert bekommen, aber keinen Finger dafür rühren. Ich war fast wütender auf ihn, als auf die Mädels. Meinen Unmut zeigte ich an diesem Tag klar und deutlich. Pech, sollten sie sich doch zwei Rouladen teilen. Kleinlaut fingen die Mädels an Beilagen zu kochen, na immerhin. Nur der Grieche war wie immer vollkommen überfordert. Was hatte ich mir da nur an den Hals geladen?! Gegen Nachmittag brachten wir Claudia nach Hause. Sie war auffallend mutiger als sonst. Erst wollte ich sie noch in die Höhle der Löwin begleiten, aber ich kannte ja meine Schwiegertochter. Besser nicht provozieren. So betrat Claudia allein die Wohnung. Anke, gereizt bis zum Anschlag, lauerte ihr auf.

„Wo warst Du gestern Abend Fräulein?"

„Ganz spontan in der Disco."

„Wie spontan, gelogen hast du! Du dusselige Lügnerin!

„Nein, nicht gelogen! Oma hat`s erlaubt und ich wollte es dir einfach nicht sagen. Das ist ein großer Unterschied!"

Anke schäumte vor Wut, schlaue Gegenwehr konnte sie nicht vertragen. Ihre Antwort war eine Tracht Prügel und der obligatorische, mittlerweile lächerliche Stubenarrest. Innerlich muss-

te Claudia fast über diese Frau, ihre Mutter, lachen.

40 *Grad – Hot Summer `87!*

Hurra, endlich Ferien! Rückblickend wohl das span-
nendste und unbeschwerteste Jahr ihrer Jugend. Die
Sonne brennt und die Mädels dürfen den Urlaub ge-
meinsam verbringen! Dieser Urlaub geht in die Ge-
schichte ein.

Fünf „Mann" – Dirk, Anke, Michaela und die
Mädels hockten wie die Ölsardinen zusammen-
gepresst im völlig überfrachteten, froschgrünen
VW und warteten auf das Startzeichen. Sandra
und Claudia waren total aus dem Häuschen. In
fast 2200 Kilometern würden sie das Urlaubsziel
Katerini erreichen. 2200 Kilometer in einem Auto
ohne Klimaanlage! Bei Gluthitze! Mit fünf Perso-
nen nach Griechenland! Konnte es etwas Schöne-
res geben? Auch Anke war zu dieser Zeit, für ihre
Verhältnisse, recht wohlgestimmt. Es konnte nur
super werden.
Dirk startete das Mobil.
Fenster runter.
Kassette rein.
Kippe an.
Los ging die wilde Fahrt!

„Seht zu, dass das Kind vernünftig schlafen kann!" zeterte es dann doch vom Beifahrersitz. Wen meinte Anke? Claudia? Nee, natürlich meinte sie Michaela! Die Mädels mussten in dieser Sardinenbüchse auch noch für Michaela als Matratze dienen. Es war so heiß. Der heißeste Sommer seit Jahren!

Dennoch, die beiden waren jung und fieberten schwitzend, mit Gliederschmerzen, dem Urlaubsparadies entgegen.

„Hoffentlich ist da aber auch mal richtig was los!"

„Da gibt's jawohl Discos und so?!"

„Hoffentlich auch coole Typen!"

„Nicht, dass wir da nur mit den Alten abhängen!"

„Boah, das wär`s ja wohl, never!"

„Dann hauen wir aber ab nä?!"

„Aber so was von sicher!"

„Hoffentlich sind wir mal bald da!"

„Echt, nervt die Fahrt!"

„Michaela macht sich voll fett, was soll das?"

Dann endlich, das Ziel der Zwischenübernachtung wurde erreicht. Die Zwei freuten sich auf ein normales Bett. Was sie dann sahen, verschlug ihnen für eine kurze Weile die Sprache. Die heruntergekommene Fassade der Herberge machte auch nicht vor der Inneneinrichtung halt. In dem spartanischen Zimmer wurden sie von einer auf dem Bett hockenden buckligen Kröte, misstrauisch angegrunzt. Kröte und Mensch fixierten sich. Nichts wie raus hier. Hier schliefen sie keinesfalls! Stattdessen hockten sie sich auf eine Bank im Flur und schliefen irgendwann Kopf an Kopf und völlig erschöpft, aber glücklich ein.

Am nächsten Morgen um 9:00 Uhr. Die Sonne brannte, die 80er Frisur saß. Weiter ging das Abenteuer. Dann, nach einer gefühlten Ewigkeit erreichten sie den Urlaubsort Katerini und wenige Kilometer weiter auch ihr Hotel. Es dämmerte bereits und die doch sehr billig wirkende Neon-Leuchtreklame *Hotel Astario* blinkte ihnen entgegen. Wobei das Wort Hotel in diesem Fall wohl eher ein Witz war. Das Wort Absteige hätte es durchaus besser beschrieben! Aber das war alles egal, denn die Mädels hatten dort ihr eigenes Zimmer. Es war relativ sauber, es gab Strom und fließend Wasser, was wollte man mehr? Sofort wurden die 80er Klamotten aus den Koffern gerissen und los ging`s. Die Umgebung musste umgehend inspiziert werden, das duldete keinen Aufschub. Anke und Dirk, ebenfalls mit Ausräumen beschäftigt, hatten keine Kraft mehr zum Widersprechen und ließen Claudia und Sandra ziehen. Katerini war ein Traum! Der Holiday Rap, Funky Town, I Love to Love und das obligatorische Malakka dröhnten durch die Gassen. Typen, Discos, Bars, Cafe`s und das Meer! Alles direkt vor ihren Nasen und wohl der Albtraum eines jeden Erwachsenen. Sie schnappten vor Glückseligkeit über und kundschafteten alles aus. Wann ging was wo los, eine Best-off-Liste entstand in ihren Köpfen. Ab 23:00 Uhr ging das Nachtleben erst richtig los. Das war so im Ausland und das war cool und sicher auch kein Thema, war ja Urlaub. Schnell fanden sie Kontakt, und daher endete bereits der erste Abend mit einer Rückfahrt zum Hotel, in einem pinken Cadillac, gelenkt von bis dato völlig unbekannten griechischen Jungs. Kein Gedanke daran, dass das vielleicht etwas unvorsichtig war! Etwas unvorsichtig war da auch ein junger Mann. Denn als die Mädels so durch die Dämmerung stolzierten, wurde er auf die Augenweiden aufmerksam. Er staunte Claudia und Sandra anerkennend pfeifend hinterher, übersah dabei eine Baugrube und stürzte hinein. Die Mädels waren fassungslos. Der Typ jammerte. Passanten halfen dem jungen Mann wieder heraus und die Mädels bekamen Lachanfälle! Erwachsen waren Sandra und Claudia wohl noch lange nicht. Im Hotel zurück, wehte ihnen sofort ein anderer Wind entgegen. Anke hatte sich inzwischen gesammelt und war zu ihrer bekannten Form zurückgekehrt. Mit schlechter Laune und einem eisigen Lächeln verkündete sie ihre Regeln für diesen Urlaub:

1. Essen gibt es nur zu geregelten Zeiten, wer nicht da ist bekommt auch nichts!

2. Zapfenstreich 23:00 Uhr, ausnahmslos!

3. Claudia lernt, denn nach den Ferien steht die Nachprüfung an, mindestens vier Stunden täglich!

4. Unangekündigte Überprüfung des Lernstandes kann jederzeit erfolgen!

5. Es wird auf Michaela aufgepasst!

6. Das war`s! Abtreten!

„Sehr witzig! Ey sag mal, geht`s noch? Die macht das doch extra! Die will uns die Laune vermiesen! Die tickt doch nicht richtig! Das werden wir ja sehen! Dann gehen wir eben heimlich! Basta!"

Die beiden verzogen sich auf ihr Zimmer und begannen trotzig eine Liste mit sämtlichen Bekanntschaften und Partyörtlichkeiten zu erstellen. So kam es, dass jeder Typ und jedes Ereignis irgendwann auf dieser Liste stand. Und kannten die Mädels keinen genauen Namen, so erschufen sie einen passenden. Anfangs als Erinnerungsstütze gedacht, war die Liste später nicht mehr wegzudenken! Dort standen dann Namen wie: Streife, Melone, Zwiebel-Heini, Hektor, Petros, Georgus, Karies, Gynälologus (war kein Arzt!), Christus, Zareis, Schulz der Grieche, Pierro, Matte, Schweißmauken-DJ, William der 160ste, Plumperquatsch, Gin Tonic und und und. Die Mädels konnten so die Typen prima einordnen und hatten immer genug Zeit zum Flüchten oder zum Reagieren, je nach Beliebtheitsgrad. Zum Beispiel, sahen oder rochen sie Zwiebel-Heini, ergriffen sie die Flucht. Denn hier war eindeutig der Name Programm. Besonders zu erwähnen wäre auch Gin Tonic. Dieser G.T. hatte nämlich nicht nur die schlechte Angewohnheit, Gin Tonic Print-Shirts zu tragen. Nein, er hatte auch die Fähigkeit, sein weibliches Gegenüber beim hektischen Knutschen fast einzusaugen. Claudia hatte einen Abend das Ekel-Vergnügen. Sandra wurde bei diesem Anblick fast ohnmächtig vor Lachen und Claudia wollte nur noch weg.

Gleichzeitig zur Liste schmiedeten sie den ultimativen Plan. Am nächsten Morgen wachten sie voller Vorfreude auf. Ihr falsches Spiel konnte heute Abend beginnen. Es war so weit, sie brezelten sich nur mäßig auf und verabschiedeten sich von Dirk und Anke. Wichtig war nun, unbedingt noch vor der von Anke vorgegebenen Zeit zurück zu kommen. So passierte es, dass Claudia und Sandra bereits um 22:45Uhr im Hotel eintrafen und gähnend von den Discotheken und den komischen Leuten dort berichteten. Vielleicht würden sie in den nächsten Tagen noch einmal einen Versuch starten, aber so reichte es ihnen erst einmal. Außerdem wäre es viel zu heiß und diese Mücken überall, man wolle sich lieber ausruhen, quatschen und lernen. Pah, gelogen! Was für eine Story! Das Beste aber war, es wurde den Mädels geglaubt! Dieses Schauspiel zogen sie noch zwei Tage durch, bis sie sich auf der sicheren Seite fühlten und dann Heidewitzka Herr Kapitän. Der Wecker wurde gestellt und mindestens bis Mitternacht vorgeschlafen. Wurde mal nicht geschlafen, so paukte sich Claudia den Lernstoff für die Bio-Nachprüfung ins Hirn. Mitose und Meiose bis zum Erbrechen. Alles auswendig gelernt, wurde sie dann von Sandra abgefragt. „Soll die Olle mal ruhig kommen. Staunen kann sie dann!"

Jetzt aber musste es schnell gehen. Dusche an, danach wurden die Haare mit Fön und Happy Hair in Form geklebt. Zum Schluss hinein in den 80er Fummel. Neonfarbige Mini-Röcke, Oberteile mit Schulterpolstern, riesengroße Ohrringe, breite Gürtel und Lack-Pumps. Heute Karneval, damals der letzte Schrei. Das Mädels-Motto lautete: No Risk No Fun! Claudia hatte anfangs noch Bedenken und Angst von Anke erwischt zu werden. Doch Sandra konnte ihr Mut machen und sie riskierten es. Die beiden lauerten, keine TV-Geräusche waren zu hören, aber leises Schnarchen. Gute Zeichen, die Alten schliefen. Leise schlichen sie aus dem Zimmer, kein Ohrring durfte klappern-alles mucksmäuschenstill! Dann drückten sie sich unter Hochspannung, mit dem Rücken zu den unteren Balkongeländern, am Hotel entlang. Einige noch schlaflose Hotelgäste beobachteten höchst amüsiert diese Darbietung. Dann rannten die Mädels los, es war geschafft, die Party konnte steigen. Es wurde getanzt, gefeiert, gelacht und manchmal, wenn ein netter junger Mann dabei war, geknutscht. War das Leben nicht wunderbar! Und es blieb spannend, denn weder Dirk noch Anke bemerkten die Nachtausflüge. Erschöpft vom Nachtleben verschliefen die Mädels natürlich die ein oder andere Mahlzeit und als Anke drohte, „wer nicht da ist, bekommt auch nichts", meinte sie das auch so. Claudia und Sandra schoben Kohldampf und ihre Figuren nahmen Top-Model Maße an. Jedoch an einem Abend passierte das schier Undenkbare. Die Mädels drückten sich mal wieder an den Balkonen entlang, da erblickten sie Dirk. Er saß zum ersten Mal nachts auf dem Balkon! Oh nein! Dirk schlief dort, oder?! Er schnarchte doch, oder? Hatte er die beiden gesehen? Nein hatte er nicht und falls doch, so blieb er für immer stumm.

Eine Woche später reiste ich mit Dimitri im Flieger nach. Wir wollten zum ersten Mal gemeinsam seine Verwandtschaft besuchen, die zufällig in der Nähe von Katerini lebte. Außer-

dem sollte dort mit der griechischen Verwandtschaft Sandras Geburtstag gefeiert werden. Onkel und Tante wollten das Spektakel spendieren.
Ich war sehr gespannt.

War das ein Hallo, oder wie der Grieche sagt
„Jasu", unsere Verwandten ließen sich nicht lumpen! Die Geburtstagsfeier wurde filmreif. Eine
lange Tafel mit wallender Tischwäsche, top ein-
gedeckt, draußen in einem In-Restaurant mit
Tanzlokal. Überall Kerzen, es dämmerte und
dann wurde das Essen aufgefahren. Was hier
nicht serviert wurde, gab es auch nicht. Das große Fressen konnte beginnen! Mir läuft noch heute
das Wasser im Mund zusammen. Am Tisch
herrschte reges Treiben, man unterhielt sich auf
Englisch, Griechisch und mit Händen und Füßen.
Zwischendurch wurde gedanced und sogar ein
kinoreifer Sirtaki aufgeführt. Dimitris Verwandtschaft war ganz anders als mein Mann. So locker
und gelöst. Dimitris Bruder trug sogar eine
JEANSHOSE! In dieser ausgelassenen Tafelrun-
de berichteten mir Sandra und Claudia freudestrahlend und treudoof von ihrem Plan, dem
Nachtleben, Ankes Regeln und den verpassten
Mahlzeiten. Na dann mal Jamas, wollte ich eigentlich alles wissen?!

Irgendwann endete auch der schönste Urlaub. Am letzten Tag hieß es Koffer packen und das Zimmer putzen. Zusätzlich totales Ausgehverbot! „Das ist ja wieder typisch für die!"
Missmutig, todestraurig und voller Hass „putzten" Claudia und Sandra. Das Putzen sah so aus, dass die gesammelten Werke an Schmutz und übrig gebliebenen Essensreste einfach hinter den Herd gekippt wurden. Das Hotel und die Besitzer waren eh doof und fertig!

180 *Blutdruck! Ohjeh, was ist nur los mit mir? Ich fühle mich auch gar nicht gut…*

Ich war schwächer als sonst. Mir wurde langsam aber sicher alles zu viel. Mein Hausarzt schickte mich daher zur großen Inspektion ins Krankenhaus. Ab sofort war meine Sandra die Leibeigene von Dimitri und auch Onkel Ricky, aber der war pflegeleicht. Dimitri reichte es nicht, dass er sich an den gedeckten Tisch setzen konnte, er wollte, dass ihm dazu noch alles mundgerecht kredenzt wurde. Sandra platzte fast der Kragen. Um nicht vollends auszurasten bestellte sie sich mentale Verstärkung ein. Diese kam in Form von Claudia oder ihrer Schulfreundin Manuela. So ließen sich die Allüren ihres Vaters wenigstens halbwegs ertragen. Ganz wundersam verhielt sich Dimitri, sobald die moralische Stütze Manuela eintraf. Da drehte er auf, schlich geschäftig durchs Haus, war überall und nirgends und lungerte auch mal in dunklen Ecken herum. Enorm dösig verhielt er sich, wenn Sandra kurz aus seinem Dunstkreis verschwand und Manuela ihm, wartend auf Sandra, ausgeliefert war. Eines Abends kam eine völlig überdrehte und nervöse Manuela in den Keller zu Sandra gestürzt.

„Boah Sandra, mir ist das jetzt voll peinlich, aber dein Vater ist echt heavy. Mit dem alleine zu sein geht ja gar nicht!"

„Wie mein Vater…?"

„Man, du warst keine zehn Sekunden raus, da überschüttet er mich mit Komplimenten, labert komisch rum und rückt mir auf die Pelle!"

„Wie jetzt!?"

„Naja, der redet dann so ein krasses Zeug…schöne lange Haare, schöne junge Frau…lass mich bloß nicht mehr mit dem alleine!"

„WAS, gib dem alten Stelzbock mal Lack! Der spinnt ja total!"

„Die Begrüßungen sind auch immer lustig, der knutscht immer-bah!"

„Der soll sich das bloß nicht wieder riskieren, dann ist aber echt mal was los. Komm Manu, wir glotzen TV."

Sandra verriegelte die Zimmertür. Nicht, dass der Grieche noch auf die Idee kam zu nerven. Doch Pustekuchen, schon rüttelte es penetrant an der Zimmertür. Dimitri zeterte lautstark auf der anderen Seite.

„SANDRA?!"

„Was ist denn jetzt wieder?!"

„Machste du Fernseh de Knopp äh, alles isse Sperrmüll!"

„Hä, Knöpfe soll ich annähen?"

Sandra stellte sich dumm, das brachte ihren Vater richtig in Fahrt. Er hantierte weiterhin unbeholfen an der Tür herum und motzte dabei vor sich hin. Mittlerweile war Sandra geladen wie eine Rakete. Dieser Mann wollte ständig irgendwas, konnte nichts alleine, nervte und ging ihr vollends auf den Sender! Zornig öffnete sie die Tür und funkelte ihren Vater an: „Wie hält Mama das nur aus?! Zeig mir einfach diesen „Sperrmüll!" Nun stellte sich heraus, dass Dimitri lediglich versucht hatte das Fernsehprogramm zu wechseln und dabei kläglich versagte „machste du Fernseh de Knopp" – das dazu. Wenig später, Manuela hatte sich verabschiedet, vernahm Sandra plötzlich jaulende Motorengeräusche. Sie beobachtete am offenen Fenster wie ihr Vater, in bekannter stocksteifer Manier im Auto hockte und zielstrebig mit Vollgas aus der Garage, direkt in die Hausmauer donnerte.

Totenstille, dann sprang eine Art wütend tanzender Costa Cordalis mit hochrotem Kopf, wild gestikulierend und schreiend aus dem Wagen. Dimitri tobte, er machte Gott, die Welt und mich, die gar nicht anwesend war, für diesen Crash verantwortlich! „Wer hatte de Wage so schiff in de Garasch abgestelle äh?" Ihn traf ja grundsätzlich niemals die Schuld! Sandra schloss das Fenster, diesem Typen war nicht mehr zu helfen. Dann ging sie durch den Garten zu Jörg und seiner Schnapsdrossel. Sie hielt es Zuhause nicht mehr aus und brauchte „normale" Unterhaltung. „Hoffentlich kommt Mama bald wieder!" Ich kam wieder. Allerdings mit einigen Krankheiten im Gepäck. Ruhe bräuchte ich, öfter mal entspannen. Ruhe und Entspannung? In dieser Familie? Klar! Dimitri wirkte zwar jämmerlich besorgt, aber sorgte er sich tatsächlich um mein Wohl? Als mir Sandra nämlich von diesem Vorfall mit Manuela berichtete überschlugen sich meine Gedanken. Ich war einigermaßen von den Socken. Ich wünschte ihm heimlich die Pest an den Hals, ließ mir das aber vor meiner Tochter nicht anmerken. An Sandra durften nicht alle meine Sorgen und Pflichten hängen bleiben. Die einzige Änderung und Entspannung die ich mir gönnte, war Marlis, eine gute Bekannte und Putzhilfe. Ansonsten war ich froh, wenn ich in

meiner griechenfreien Kellerküche ein Zigarett-
chen rauchen konnte und meine Ruhe hatte. Der
Alltag holte mich natürlich schnell ein und wieder wurden alle von mir versorgt, alles ging seinen Turn.

Eines Nachts ertönte Onkel Rickys selbst entwi-
ckeltes Notglöckchen. Ein Wunder der Technik,
die Wandglocke am Seil! Kling-Kling-Kling. War
da was? Noch schlaftrunken wackelte ich hoch in
seine Wohnung. Dem Onkel ging es nicht gut,
starke Magen-Darm-Koliken quälten ihn. Er war
kreidebleich. Sofort rief ich den Notarzt und dann
hieß es, ab ins Krankenhaus. Dort angekommen,
ging alles ganz schnell, im zarten Alter von 97
Jahren verstarb Onkel Ricky an einem Gallenver-
schluss. Er hatte ein gutes Leben.

~

Onkel Ricky war tot. Vielleicht gab es was zu
erben? Dieser Gedanke schoss meinen üblichen
Verdächtigen wohl umgehend durch das löchrige
Hirn.

Wir hatten den Onkel unter die Erde gebracht, alle Dinge geregelt und sein Hab und Gut sortiert. Seine diversen und extrem hochwertigen Fotoausrüstungen packte ich zusammen und schenkte sie Dirk. Dieser war hoch erfreut über die neuen Errungenschaften, da ihm der Wert sofort ins Auge stach. So weit so gut! Als Dirk freudestrahlend Zuhause seiner unberechenbaren Angetrauten das neue Equipment präsentierte, kippte die Laune. Anke rastete aus: „Was ist das denn für ein Müll? Staubfänger? Kein Mensch kann das gebrauchen. Den Schrott wollte deine tolle Mutter wohl loswerden. Das Bargeld behalten die natürlich wieder!"

„Aber Anke, das ist doch kein Schrott! Das ist richtig was wert!"

„Ich will den Schrott hier nicht, kannst du deiner Mutter bestellen!"

Dirk schnappte nach Luft, aber ohne Rückgrat konnte er schlecht Stellung beziehen, darum schlich er mit den Utensilien davon.

Abends wollte ich noch kurz eine Runde mit Beppo gehen, da sah ich die Kiste, die ich zuvor Dirk mitgegeben hatte. Kommentarlos stand sie vor der Haustür. Omh, jetzt bloß nicht aufregen! Es folgten Tage ohne Kontakt, aber an einem

Mittag stand Dirk plötzlich vor der Tür, kleinlaut versuchte er das mit der Kiste zu erklären.
Anke hätte mit etwas Bargeld gerechnet und
dann dieses Zeug, nur Staubfänger. Da sei sie,
und er natürlich auch, schon enttäuscht gewesen.
Ich fixierte Dirk. „Ist das jetzt dein Ernst? Soll
das tatsächlich bis zum Ende meiner Tage so
weitergehen? Immer nur Kohle, Kohle, Kohle!
Haben, Haben, Haben! Anke und du seid die Guten und wir die Bösen? Nichts, aber auch gar
nichts habt ihr jemals für mich oder Onkel Ricky
getan. Aber die Hände haltet ihr dennoch auf -
IMMER! Dieser Egoismus, diese ständigen Vorhaltungen und dann setzt ihr noch Kinder in die
Welt? Es gab kein Bargeld mehr, kapiert! Schäm
dich! Denk über das Gesagte nach und dann
kannst du vielleicht wiederkommen. Ansonsten
bleib weg und mach dein Ding mit deiner gestör-
ten Frau. Und jetzt raus hier, sofort!
Irgendwann beruhigte sich die Situation wieder.
Ein ewiger, an den Nerven zehrender Kreislauf.

Jörg hatte da ganz andere Probleme. Seine Sabine
war mittlerweile öfter, gerne auch anlassfrei,
sturzbetrunken. Sobald Kasimir versorgt war
hieß es für sie „hoch die Tassen", gerne in Gesell-

schaft von trinkfreudigen Bekannten, die sie sich telefonisch einbestellte. Rasant kam ihr die gesamte Feinmotorik abhanden, Kippen wurden nur noch in der Mitte angezündet und beidhändig geraucht. Dabei quasselte sie ununterbrochen über sich, alle anderen wären eh zu blöd. Jörg ödete dieses Verhalten maßlos an, er hasste es, langweilte und ärgerte sich. Irgendwann machte er sein Ding. Er spielte Fußball, Tennis und neuerdings auch sehr gut Golf. Manchmal tat er aber auch seltsame andere Dinge. An einem Nachmittag ließ er zum Beispiel unseren zahmen, von Sandra mühevoll dressierten Wellensittich, mit den Worten: „Vögel müssen fliegen, ich schenke dir die Freiheit!", draußen fliegen. Hansis Todesflug war somit gesichert.

Mein lieber Herr Gesangsverein, so langsam wurde es in dieser Familie aber wirklich Kirmes!

1. *eigene Bude.*

Sandra ist volljährig und happy – spitze, geilo!

Wenige Bettelversuche waren nur nötig, dann durfte Sandra ins Obergeschoss, in Onkel Rickys ehemalige Behausung, ziehen. Sandra und Claudia konnten ihr Glück kaum fassen, es gab jetzt sogar ein eigenes Telefon. Und das Beste daran war, Anke wusste das nicht. Das war so was von großes Kino.

Eigene Bude und endlich selbst verdientes Geld! Sandra besuchte die Berufsschule und fand ihr Leben toll. Neue Leute, neue Freundschaften, neues Umfeld- Hammer. Dort lernte sie eine neue Klassenkameradin, das vollkommen überkandidelte, aber nette „It-Girl" Sylvie kennen. Sylvie war schon über zwanzig und die Partybraut in Person. Sie sah gut aus und war mega modisch. Bei Sylvie passten die Ohrringe zur Unterwäsche, da saß einfach alles. Sie bezirzte Hans und Franz und stand auf wohlhabendere Männer. Wie es der Zufall wollte suchte sie eine neue Bleibe. Was also sprach gegen eine 2er-WG? Auch wir hatten nichts dagegen. Die Miete wurde ausgehandelt und dann zog Sylvie ein. Mein Mann war ab der ersten Sekunde Feuer und Flamme für diese neue quirlige Mitbewohnerin.

Die Sonne glühte, Sylvie lag im Garten auf der Liege. Wie schön! Dann durfte ich beobachten wie Dimitri sich über alle Maße überschlug. Flink wie ein Wiesel bot er wie angestochen seine Dienste an. Vom Super-Vermieter zum Oberkellner bishin zum eincremenden Masseur war alles dabei. Bis auf ein Getränk wehrte Sylvie alle Avancen ab. So schnell ließ sich der wohlwollende Grieche aber nicht abwimmeln. Mit Sonnencreme in der Hand stürmte er auf die liegende Sylvie zu: „Äh komme Mädschen, musse du eincräme, Spezialisten sage auch, isse gefährlig!"
Sylvie verneinte freundlich, sie wollte noch duschen und ging rein. Mir schwoll unterdessen der Kamm, na warte du griechischer Schlawiner! Meine Vorahnung begann sich zu bestätigen als ich seine Schritte auf der Treppe nach oben hörte. Ich folgte unauffällig. Was ich dann sah!
Sylvie kam unverhüllt, wie das so ist, aus der Dusche und ging ins Schlafzimmer. Im Kleiderschrankspiegel sah sie eine Gestalt und drehte sich, zu Tode erschrocken um. „Herr Dimitri, was machen sie da, was ist denn jetzt los? Bitte gehen

sie SOFORT!" Dimitri stand steif da und grinste verklärt sein schiefes Grinsen, stammelte Sätze wie „äh, wasse schreiest du, bisse wohl „SEXOFRÄN" und „wasse iche mach, Heizung de Luft! Da Bromms, kommste du nacket, bisse ja verrücke Frau, lügte!"

Niemand glaubte ihm auch nur ein Wort, zeitgleich zerrte ich ihn aus der Wohnung. Es war schlimm und er stritt alles ab. Als Sandra später die frohe Botschaft erreichte, war sie voller Zorn. Das sollte ein Vater sein? Das Gefühl wurde noch schlimmer, als Sylvie ihr von anderen ähnlichen Vorfällen berichtete. Dimitri lauernd in der Garage, im Keller, in dunklen Fluren, der sie versuchte anzugrabschen. „Dein Vater ist ein Stelzbock, ich kann hier nicht mehr wohnen, sobald ich `ne neue Butze habe, bin ich weg, sorry!" Sandra schämte sich in Grund und Boden. Jetzt wollte Dimitri plötzlich, dass It-Girl-Sylvie so schnell wie möglich das Haus verließ. So schnell ging das aber nicht. Er versuchte mit allen Mitteln ihren Auszug zu beschleunigen, erfolglos. Egal was, alles wurde von ihm zur Staatsaffäre erklärt. Ein von ihr aus Versehen, bei Blitz-Eis, verursachter Blechschaden am Auto führte zu einem stundenlangen Monolog. Der Terror-

Grieche hörte nicht auf, er laberte sich in ständigen Wiederholungen in Ektase. „Alle unfähigs zu fahrre Audo, Sylvie schwerwiegende Krankheit, immers de Männers in de Kopp äh, Luder. Solle raus. Machter Familie in Schrott!"

Es war unfassbar, da rastete Sandra aus: „Du Geisterfahrer, sag mal, kommt du noch klar? Was redest du hier, hörst du dir überhaupt zu. Was stört dich denn neuerdings an Sylvie? Haben wir die Eincremephase bereits hinter uns? Sie steht wohl nicht so auf Lotion, hm?"

Dimitris Halsschlagader pulsierte, sein Kopf drohte vor Wut zu implodieren und schon hatte Sandra seine Pranke im Gesicht. Sandra lachte ihrem Vater ins Gesicht und ließ ihn stehen. „Ach übrigens du Stelzbock, ab heute bist du für mich gestorben." Ich blickte ihn nur verstohlen an und fragte mich, wie ich diesen Sargnagel nur loswerden könnte. Dieses Problem sollte sich aber schon bald von ganz alleine lösen.

20 *Handtücher wehen im Sommerwind.*

Anke wartet voller Vorfreude auf ihre Wäschefrau, die sich mindestens genauso freut.

Claudia war zu dieser Zeit, fast täglich nach der Arbeit, bei ihrem ersten festen Freund Frank. Frank war ein schlaksiger, etwas altmodischer, doch einigermaßen netter Typ. Allerdings bestimmt nichts von Dauer, dass wusste ich sofort. Naja, nun klingelte jedenfalls das Telefon in Franks Kemenate! Ankes Stimme schrillte am anderen Ende durch den Hörer. Dann reichte Frank, wie ihm telefonisch von Anke befohlen, den Hörer an Claudia weiter.

„Sieh zu, dass bis 20:00 Uhr die Handtücher von der Wäscheleine kommen. Abnehmen plus Zusammenlegen und zwar zackiger als normal!"

Aufgelegt, Ende der Durchsage. Peinliches Schweigen bei Frank, der das Gehörte noch verarbeitete, dann aber schließlich mit Claudia Richtung Wäscheleine losfuhr. Wie ihr aufgetragen, nahm sie die Handtücher ab und legte sie zusammen. Drei noch feuchte Tücher ließ sie hängen. Danach erfolgte eine fluchtähnliche Rückfahrt zu Franks Wohnung.

20:10Uhr, das Telefon klingelte erneut. Gleiches Szenario, Frank-Anke-Hörer-Claudia.

„Was war daran nicht zu verstehen? Alle Handtücher sagte ich!"

„Die waren noch feucht, es ging doch nicht anders!"

„Mach einfach was ich dir sage!"

„Warum muss Michaela eigentlich nie was machen?"

„Du, beweg deinen fetten Ar… und alles andere geht dich nichts an!"

Es war zum Schreien, Frank verdrehte die Augen. Sowas hatte er noch nie in seinem Leben erlebt. Sie fuhren ein zweites Mal los. Bereits an der Wäscheleine lehnend, wurden sie von „Mutter-Anke-Theresa" mit einem warmen hinterlistigen Lächeln begrüßt. Claudia wollte ihrer Mutter am liebsten ins Gesicht schlagen. Sie riss wortlos die Tücher von der Leine und legte sie zusammen. Auf eine Androhung von Stubenarrest, mittlerweile fast volljährig, vor dem Freund hatte sie keine Lust. Sie kam sich erbärmlich vor. Wortlos verließ sie mit Frank die Wäscheleine des Grauens und fieberte innerlich ihrem achtzehnten Geburtstag entgegen.

~

Es war soweit! Hallelujah, endlich war auch Claudia volljährig! Jetzt änderte sich erst einmal…nichts. Bis auf eine Tatsache, Frank, der sich irgendwann auffällig wandelte, wurde durch Arndt ausgetauscht. Arndt war ein sportlicher, gut aussehender und freundlicher junger Mann. Die beiden hatten sich gesucht und gefunden. Das musste wohl Liebe sein. So einen lieben Mann wünschte ich mir auch später einmal für meine Sandra. Zurzeit tanzte Sandra aber viel lieber mit ihren Freundinnen durch das Nachtleben und genoss die unbeschwerte Zeit. Ich gönnte es ihr von Herzen. Claudia war nun täglich nach der Arbeit bei Arndt, der ein Haus bewohnte. Das Telefon in diesem Haus klingelte. Ankes Stimmorgan dröhnte durch den Hörer. Arndt reichte, wie ausdrücklich von Anke verlangt, den Hörer an Claudia weiter.

„Kommst du eigentlich irgendwann mal nach Hause?"

„Warum, ist irgendwas? Ich wohne ja nun gar nicht mehr bei euch und bin übrigens volljährig!"

Das saß, Anke schnappte hörbar nach Luft.

„Na und, was hat das mit deinen Aufgaben hier zu tun? Sieh zu, dass Du hier antanzt und das Geschirr spülst, du faule Kuh. Wenn ich nach der Arbeit nach Hause komme ist das erledigt!"
Und wieder aufgelegt.
Claudia starrte entgeistert in den Hörer, sie konnte das Gesprochene nicht fassen. Was dachte Arndt nur? Doch Arndt blieb lässig. Also fuhren sie los, dem Abwasch ihres Lebens entgegen. Claudia schloss die Wohnungstür auf, bog rechts in die Küche ein und wurde vom Schlag getroffen. Das, was sie sah war kein Abwasch. Das war ein Geschirr-Inferno! Vollkommen überwältigt bestaunte sie das Arrangement. Das Beste daran aber war, dass sie nicht einen einzigen Mistteller davon benutzt hatte. Arndt konnte diesen Anblick ebenfalls kaum glauben. Claudia versuchte sich herauszureden und diese Peinlichkeit zu überspielen, aber er verstand auch so. Gemeinsam spülten und spülten sie. Viel später fuhren sie mit Schwimmhäuten zwischen den Fingern nach Hause.

30 *Lockenwickler auf dem Kopf.*

Claudia macht mir gerade die Haare schön, eine stylische Muttertags-Frisur soll's werden.

Claudia war an diesem Tag auffällig nervös. Ihre Periode war ausgeblieben. Sie hatte schon einen Verdacht, aber der Gynäkologe ihres Vertrauens konnte das nicht bestätigen. Ich aber war mir totsicher, ich hatte einen Blick dafür und meine Enkelin sah schwanger aus! Ich war ganz aus dem Häuschen. Claudia und ihr Arndt bekamen Nachwuchs und ich wurde wohl Urgroßoma. Urgroßoma, wer erlebt das schon? Auch Sandra bot ganz übermütig ihre Patentante-Dienste an. Das wurde ein lustiger Nachmittag.

Später stürzte ich mich voller Elan in die Vorbereitungen für den morgigen Muttertag. Auch an diesem Tag durfte die Wanne Kartoffelsalat nicht fehlen. Gegen Abend war das Wannensalat-Wunder vollbracht. Morgen konnte also meine Sippe antraben. Hoffentlich rissen sie sich halbwegs am Riemen, auf Streitereien konnte ich gut und gerne verzichten, ich musste meinen Blutdruck schonen. Und, was soll ich sagen, der Muttertag verlief besonnen. Natürlich konnte nicht auf die herausragende Geräuschkulisse und das ewige Durcheinander verzichtet werden, aber davon abgesehen ging es für unsere Verhältnisse harmonisch zu. Ich bekam wie jedes Jahr eine Kaffeemaschine geschenkt und alle waren guter Dinge. Mir ging es blendend! Den Abend ließ ich später gemütlich, mit Hund Beppo auf der Couch, bei Kerzenschein und einem Glas Wein ausklingen. Sandra lernte unterdessen oben mit „It-Girl" Sylvie für die anstehende Zwischenprüfung und Dimitri tagte, wie immer im Badezimmer. Bald schon fühlte ich mich schläfrig und machte mich auf den Weg ins Bett. Ich kuschelte mich in die Laken und schlief zufrieden ein.

~

Gegen Mitternacht wurde ich plötzlich wach. Um Himmels willen, was war nur los mit mir? Ich bekam kaum Luft, mein Herz schlug in einem seltsamen Takt und mein Blutdruck knallte mir regelrecht um die Ohren. Panik stieg in mir hoch, was die Angelegenheit nicht gerade einfacher machte. Wo war nur dieses verdammte

Blutdruck-Notfallmittel, dieses Spray? Auf meinem Nachtschrank jedenfalls nicht! Ich wurde panisch, meine Kehle war wie zugeschnürt und diese Übelkeit. Ich rüttelte Dimitri wach. Im letzten Moment erblickte ich das Spray auf seinem (!) Nachtschrank, dann wurde mir ganz sonderbar zumute.

Plötzlich stand der Grieche vor Sandras Bett. Verwirrt und mit einem nassen Lappen wild umherwedelnd stammelte er vor sich hin: „De Mama, komme schnellst, Herz ohohoh!" Sandra fuhr hoch, stürzte an ihm vorbei und rannte zu mir. Mittlerweile war auch Sylvie erwacht und folgte eilig. Man war ich erleichtert, ich konnte es nur nicht zeigen, endlich war Hilfe in Sicht. Mein dusseliger Mann war nicht einmal in der Lage einen Krankenwagen zu rufen, stattdessen fuhrwerkte er mir stundenlang mit einem nassen Lappen durchs Gesicht. Jetzt ging alles ganz flott. „It-Girl" verschaffte mir eine ordentliche Rückenlage, denn mein Mann hatte mich ja die ganze Zeit unbequem auf dem Bauch liegen lassen! Sandra rief derweilen den Notarzt, der umgehend anreiste. So viele Hände, hier war richtig was los. Zack, Zack, Zack der Defibrillator wurde zum dritten Mal geladen. Diese Rödelei machte mich ganz müde. Ich war so furchtbar erschöpft und dann schlief ich ein.

Hatte ich wirklich geschlafen? Auf jeden Fall fühlte ich mich wie neu geboren. Dieses Gefühl war unbeschreiblich. Nichts tat mehr weh, die Panik war weg, alle Last wie weggezaubert, ich hätte Bäume ausreißen können! Aber warum guckten alle so belämmert in die Runde? Überall betretene, weinende Gesichter und ein verwirrendes Gemurmel. „Totales Herzversagen!"
„Hallo?"
„Bitte wer?"
„Ich?"
„Tot?"
Fast hätte ich es mir denken können, aber doch nicht heute und so schnell und überhaupt. Ich konnte mich doch gar nicht vorbereiten, oder verabschieden! Was soll denn nun aus meinen Mädels werden?
Herrjeh, nun hatte meine arme Sandra, praktisch über Nacht, den Salat! Dimitri benahm sich wie von Sinnen, er wankte zombieähnlich ziellos durchs Haus. Dabei jammerte er wie ein Klageweib hysterisch vor sich hin. Er hörte einfach nicht auf damit. Er kümmerte sich um gar nichts.

Da stand mein Kind nun, ohne Mutter und mit einem offensichtlich durchgeknallten Vater. Wo wäre ich wohl gelandet, wenn Dimitri mit dem Geschehen alleine gewesen wäre? Wahrscheinlich irgendwo in einem Obstkeller, nicht auszudenken.

Den Mann konnte man doch nur noch ruhigstellen. Sandra wollte schon die immer extrem entspannte Tante Lisbeth Tranqui um ein paar Valiumvorräte bitten, entschied sich dann aber für den kompetenteren Fachmann, ihren Chef Dr. Stefan Fratz. Doktor Fratz kam sofort angerauscht, spendete Trost und verpasste Dimitri eine Dosis Beruhigung. Endlich Ruhe im Karton. Todestraurig und wie betäubt konnte meine Tochter nun endlich auch Dirk, Anke, Claudia, Arndt, Jörg und Sabine informieren. Alle waren sofort da. Sandra und Claudia lagen sich in den Armen und heulten wie die Schlosshunde. An diesem Tag waren ausnahmslos alle ganz lieb zueinander.

~

„…meine Güte, was sind denn das alles für Leute?!"
Sogar „my big fat greek family" erwies mir am Tag meiner Beerdigung die Ehre. Ich kam mir vor wie ein Superstar! Auch bei meiner neuen hölzernen horizontalen Unterkunft hatte man weder Kosten noch Mühen gescheut. Exklusiv und bequem. Bestimmt vom Spezialisten, würde der Grieche sagen. Überall Orchideen, meine Lieblingsblumen. Donnerwetter, ich fühlte mich völlig losgelöst. So und nicht anders musste es im Himmel sein!

War es das jetzt hier für mich? Der Rest meiner buckligen Klimbim-Familie ohne ihr Alphatier? Was jetzt wohl passieren würde? So wirklich kalt ließen mich diese Gedanken nicht. Um meine Mädels machte ich mir große Sorgen, aber ich wusste, die beiden waren ein Super-Team, die würden das Kind schon schaukeln. Außerdem war ich ja auch noch da….irgendwie… jedenfalls kam mir das so vor.

DANACH

1991 *im Frühjahr.*

Kaum bin ich unter der Erde, fangen die Puppen an zu tanzen. Erst Blues, dann Walzer, dann Disko-Fox und später Rock`n Roll.

Sandra wunderte sich, mittlerweile kreuzte Anke schon das vierte Mal, alleine!, in dieser Woche auf. Ohne Nachfrage, rechtfertigte sie katzenfreundlich ihr Erscheinen. Der arme Dimitri bräuchte doch Ablenkung, Trost und Gesellschaft. Das war unheimlich, dennoch bitte sehr! Sollte sich doch die barmherzige Trostspenderin aufopferungsvoll, und sicherlich vollkommen uneigennützig um den Griechen kümmern. Noch unheimlicher war allerdings Dimitris neues Hobby. Das gestaltete sich so, dass dieser sich neuerdings im Keller einschloss und stundenlang, bis die Drähte glühten, telefonierte. Auf Sandras Nachfrage grinste er nur schief und meinte: „Äh, mit de gutes Frau Kollega aus Pusemuckel, wolle tröste…" *„Aber sicher mein lieber Dimitri!"*
Sandra glaubte ihm kein Wort, denn gemeinsame Freunde und Bekannte, hatte er damals nur durch mich. Warum blieben eigentlich plötzlich sämtliche Besuche meiner Lieben aus?

Als der Grieche am besagten Tag zum zweiten Mal für Stunden in den Untiefen des Kellers verschwand, wurde es Sandra zu bunt. Sie musste die Angelegenheit einfach mal mit ihrem Bruder Jörg besprechen. Jörg war allerdings, wie immer, beim Golf und Sabine, wie immer, sternhagelvoll. Hier war kein Gespräch möglich. In ihrer Not rief sie Dirk an. Dort war besetzt! Also fuhr Sandra einfach los, auf zu Dirk. Überschwänglich wurde sie dort von ihm empfangen. Anke war nicht in Sichtweite, man konnte aber ihr gedämpftes Gemurmel hören, scheinbar telefonierte sie. Währenddessen unterhielten sich Sandra und Dirk ungestört. Er fand das Benehmen vom Griechen ebenfalls sehr sonderlich, diese angebliche Kollegin aus Pusemuckel.

„Was? Hm, schon wirklich komisch und vor allen Dingen so schnell tut Dimitri eine Frau auf? Unsere Mutter ist gerade ein paar Wochen tot. Das ist doch nicht normal."

„Ja, sage ich doch! Wäre ja wirklich nicht schlimm, aber du kennst ihn ja. Ich glaube ihm kein Wort, da passt was nicht, und er wird immer gleich so frech!"

„Und dann aus Pusemuckel, der will uns doch für dumm verkaufen. Weder Kollegen noch sonst irgendwer wohnt dort!"

Diese ganzen Eskapaden schlugen Sandra bereits auf den Magen. Das war einfach zu viel, gerade erst zwanzig Jahre und ich hatte sie einfach mit Haus, Hof und ihrem komischen Vater alleine gelassen. Als wenn das nicht schon genug wäre, rauschte plötzlich Anke ins Wohnzimmer. Zuvor hatte sie die beiden offenbar belauscht, denn sofort keifte sie dazwischen: „Dimitri kann machen was er will, der ist erwachsen. Der ist Witwer! Der kann auch tagelang telefonieren, was geht euch Bekloppte das an? Kümmert euch um euren Sch...! Der kann zehn Weiber haben, hat keinen zu interessieren. Seine Frau ist tot, und basta!"

Dirk und Sandra entglitten die Gesichtszüge. Mit offener Kinnlade glotzten sie sich irritiert und sprachlos an. Was stimmte denn bloß mit dieser Frau nicht? Gestern noch überkandidelt freundlich, heute wieder das personifizierte Böse. Sandra sprang wortlos auf und fuhr nach Hause, ihr war zum Heulen zumute. Ein wirklich gelungener Abend! Diese Hass-Hexe Anke war einfach zum Gruseln und von Dirk war auch nicht wirklich Unterstützung zu erwarten. Heute durfte

Sandra also am eigenen Leib erfahren, was Claudia all die Jahre ertragen musste. Zuhause angekommen warf sie sich aufs Bett und heulte sich in einen kurzen Schlaf.

Hilfe, was war das??? Sandra spürte plötzlich, wie Atem ihr Gesicht streifte. Unauffällig blinzelte sie und erblickte das Antlitz ihres Vaters. Entsetzt stellte sie sich weiterschlafend. Da pustete er ihr auch noch leicht ins Gesicht! Es reichte, sie riss die Augen auf und blökte „BUUUHHH!" Der Grieche flog vor Schreck durch den Saal.

„Was machst du in meiner Wohnung, im Schlafzimmer, über meinem face, bist du gestört?"

„Äh, wasse face? Gucke oppe du noch lebest, de Mama ja auch plötzelisch….Kontrolle Luft, äh."

„Ja klar, sicher. Du bist doch nicht normal! Raus hier, du willst doch nur prüfen ob ich schlafe. So kannst du wieder in Ruhe telefonieren!"

„Äh, wasse telefono nä, mache hirr niche so eine Zinowa bisse du krank in dein Sülze, äh."

„Was immer äh? Du bist ein toller Vater, erzähl mir keinen Mist, sag einfach die Wahrheit, sonst hagelt`s gleich!"

Und dann passierte es, Dimitri baute sich schrankmäßig vor Sandra auf. „Iche äh kanne machen wasse will, erwachse Witwers, gehte alle nixe an!" Dann tanzte er rotgesichtig ab. Diese Wörter hatte meine Tochter an diesem Tag schon einmal gehört oder? Sie hatte! Umgehend wurde Claudia unterrichtet. Sie beratschlagten sich bis tief in die Nacht. Die Detektiv-Spiele konnten beginnen.

2 *Wochen Urlaub.*

Dirk und Anke fahren an die See und Dimitri kommt mit! Platz ist da, Anke hat entschieden. Na dann gute Reise.

Anke und Dimitri, beide über alle Maße gut gelaunt, hockten im grünen Mobil und wurden von Dirk zum Urlaubsort gegondelt.

Einige Tage später, das Wochenende war sonnig, entschlossen sich Claudia und Arndt dazu zu stoßen. Claudia war im sechsten Monat schwanger! Freudig erregt wurden sie in der Ferienwohnung von einer extrem weichgespülten Anke empfangen. „Kommt rein Kinder, Platz und Essen ist für alle da! Ist das nicht ein herrlicher Tag!"

Claudia und Arndt staunten. War das die Ruhe vor dem Supersturm? Unterdessen wuselte Dirk, wie von Anke gewünscht, emsig im Gastrobereich der Urlaubsunterkunft umher und servierte schmackhafte Köstlichkeiten und kühle Drinks.

Kling, Klong, Ping, Jamas! So schnell konnte keiner gucken, Anke und ihr Schwiegervater Dimitri stießen euphorisch auf den Urlaub an. Der Rest der Familie wurde gar nicht mehr beachtet. Sie lachten und prosteten sich ununterbrochen zu, dann wurde noch Musik aufgelegt und „Griechischer Wein" tönte durchs Feriendomizil. Wie intensiv sich Anke doch um ihren stark trauernden Schwiegervater kümmerte. Es war rührend, ein Bild für die Götter, mir kamen doch fast die Tränen. Claudia konnte diese neue Harmonie auch nicht wirklich begreifen. Ihre Mutter und Opa Dimitri, enorm angesäuselt von der Anstoßzeremonie, überschlugen sich vor Fürsorge. „Äh oh, balde kleinst Enkelkids, kleine Baby, bravo", dabei klopfte Dimitri Arndt stolz auf die Schulter, „sauber Junges, sauber." Claudia blieb wachsam.

Zur späteren Stunde löste sich die Familienrunde langsam auf. Zurück blieben Anke, der Grieche und die beobachtende Claudia. Ihre Mutter und ihr Opa konnten sich scheinbar nur schwer voneinander lösen. Minutenlange Verabschiedungsfloskeln wurden ausgetauscht.

„Da wird doch der Hund in der Pfanne verrückt!" Eine halbe Grabdrehung hatte ich schon hinter mir. Nicht einmal zu Lebzeiten hatte ich solch eine schmierige Seifenoper zu Gesicht bekommen!

Der nächste Morgen. Es duftete nach Kaffee und frischen Brötchen. Es gab sogar Sekt! Dirk hatte sich selbst übertroffen, sogar das Mittagessen war bereits vorbereitet. Ohne sein Wissen hatte sich mein Sohn freiwillig in die Rolle des untertänigen Butlers manövriert. *„Glückwunsch mein Sohn!"*

Eine kleine Weile später betrat Anke trällernd die Frühstücksbühne. Voller Dankbarkeit und Vorfreude schwebte sie gazellengleich zu Tisch. Kurz danach betrat der speziell frisierte, frisch geschniegelte und stark duftende Grieche im besten Zwirn die Halle des Genusses. Ankes Gute-Laune-Pegel stieg. „Dimitri, Dirk, Kinder was für ein toller Tag. Wir wollen es uns richtig gutgehen lassen, Stößchen."

„STÖßCHEN?" Ich war so was von empört!

Selbst Claudia traute ihren Ohren nicht. Das alles wurde verdammt mysteriös. „Komm Arndt, lass uns wieder nach Hause fahren. Ich muss mit Sandra sprechen, hier ist definitiv etwas faul."

Das fand ich allerdings auch, und drehte mich noch etwas weiter in meiner gruftigen Bretterbude.

8 *blaue Säcke.*

Irgendwann muss man langsam anfangen einen Schlussstrich zu ziehen. Den Anfang macht wohl heute mein Kleiderschrank.

In meinem Kleiderschrank hingen Klamotten für mindestens vier Frauen in vier Größen für sechs Jahreszeiten. Himmel die Berge, was hatte ich da nur angesammelt. Leicht fiel es Sandra nicht, doch irgendwie musste das Leben weitergehen, Claudia half ihr dabei. Diese Zeremonie diente den beiden um sich noch einmal gedanklich von mir zu verabschieden. Es wurde geweint, gelacht und alte Geschichten erzählt. Am liebsten hätte ich sie in meine Arme genommen!
Diese Ausmisterei machte aber auch hungrig, und so waren die Mädels verwundert, schließlich herrschte ja Eiszeit zwischen Sandra und ihrem Vater, als dieser ihnen später eine feine Mahlzeit anbot. Diese ach so feine Mahlzeit hatte er bereits zuvor ordentlich im Keller zusammengefegt und gönnerhaft drapiert. Frisch vom Kehrblech auf den Tisch- Bon appétit!

Wenige Minuten zuvor: Der Grieche stelzte in den Keller, um sich das vom Vortag übrig gebliebene Essen in der Mikrowelle zu erwärmen. Dann passierte dem perfekten Dimitri allerdings ein Missgeschick, er ließ den Teller fallen! Er schimpfte darüber wie ein griechischer Rohrspatz, aber er war auch ein Fuchs. Er entfernte galant die gröbsten Scherben, fegte die Menüreste, samt Bodendreck zusammen und platzierte alles fein säuberlich auf Tellern. Im Anschluss ging er augenblicklich den Mädels auf den Sender. „Bitte ihr müsset essen, ganze Schwäche von de Arbeits, speziell Nudels, sauber äh." Eiszeit hin und Eiszeit her, sie hatten Hunger! So servierte Dimitri großzügig sein Trümmermenü, er verzichtete natürlich gerne...

Gierig futterten sie los, aber was war das? Fast zeitgleich spuckten Sandra und Claudia den ersten Bissen zurück auf den Teller. Glasscherben und Fussel überall! „Versuchst du uns umzubringen? Wird das eigentlich immer schlimmer mit dir?" Der Grieche grinste nur wieder schief und stritt alles ab. Er doch nicht.

Pah, man gewöhnt sich angeblich irgendwann an alles? Nein! Die Mädels wollten nur noch weg und düsten in Sandras Auto davon. Auf zum

Kleidercontainer und zur nächsten Frittenbude. Bis dahin kamen die Mädels aber nicht, denn kurz vorm Pommesgenuss nahm ihnen ein anderer Autofahrer die Vorfahrt. Das war definitiv kein Mädels-Tag! Wie das knallte, aber zum Glück blieben sie unverletzt, der Wagen allerdings nicht - Totalschaden! Arndt, Dirk und auch Jörg waren nicht zu erreichen, also mussten sie den Griechen bitten. *„Das gibt doch wieder Stress!"* Und richtig, Dimitri heizte völlig in Rage geraten zur Unfallstelle. Dort ging das Gepolter los. Die damalige ähnliche, jetzt aber um Längen bessere, Costa Cordalis-Showeinlage wiederholte sich. Dimitri hörte nicht mehr auf, stundenlang wetterte er über die Unfähigkeit der gesamten autofahrenden Menschheit. Kein Wort der Sorge um die Mädels kam über seine Lippen. Er laberte und laberte. "Äh ihr seide „sexofrän" im Kopp, läbensgefährliche, habte nur Diskus und äh Schminka, Klamottos und de Westernstiffel in de Sülze, keine Grips äh. Alle habe wollte, aber Bromms da isse schwerwiegend Sperrmüll de Audo!" Er steigerte sich so hinein, dass ihm nur noch ein wahrhaftiger Insider halbwegs folgen konnte. Die Maus hätte gesagt: „Das war Dimitrisch". Erst als Sandra ihm entgegenschrie „du bist doch kein

Vater, du wirst ja immer schlimmer. Mama würde sich im Grab umdrehen, man hält es kaum noch aus mit dir" wurde er etwas stiller, aber das Fass war bereits gefährlich voll.

25 *knackige Würstchen.*

Hmmm, wie das duftet! Die Neuigkeiten an diesem Abend sind allerdings weniger dufte.

Anlässlich Sabines Geburtstag wurde gefeiert, oder was man eben so Feiern nannte. Die Sonne brannte, die Familie und einige Bekannte saßen auf der Terrasse. Anwesend waren auch Schwager Sülze und meine tiefenentspannte Schwägerin Tranqui. Dirk zischte sich bereits ein erstes Bier und widmete sich wie ferngesteuert dem Grillgut. Derweilen klebten Anke und Dimitri gemeinsam auf einer Bank aneinander und führten ihr neu entdecktes Urlaubsanstoßzeremoniell quietschvergnügt fort. Jamas vorne und Jamas hinten, irgendwie reichlich unpassend wie ich fand!
Das Geburtstagskind hingegen schleppte literweise Spirituosen ran, da ließ sie sich nun wirklich nicht lumpen. Gab es auch nur ein paar mickrige Würstchen und gekauften- „*GEKAUFTEN*?!"- Kartoffelsalat, so war der Alkohol von bester Qualität. Sandra und Claudia saßen auf ihrer alten Kinderschaukel im Garten und beobachteten das Fest aus angemessener

Entfernung. Sie warteten auf Arndt, der ihnen Würstchen und den schlabbrigen Pellkartoffelsalat vom Discounter reichen wollte. Flotten Schrittes kam Arndt herbeigeeilt und servierte den Mädels nicht nur das Essen, sondern auch eine Eilmeldung. Es sprudelte aus dem sonst eher stillen und ausgeglichenen Arndt heraus. Er hatte ein paar Minuten zuvor, als er Teller holte, im Vorbeigehen eine Beobachtung gemacht. Anke und ihr Schwiegervater Dimitri hätten unterm Tisch scheinbar Händchen gehalten und sich gegenseitig an Knie und Oberschenkel herumgefriemelt! *„Holla die Waldfee, hatte ich richtig gehört?"* Igitt, bei Arndt qualmten die Synapsen. Solche Zustände kannte er nur aus dem TV. Sandra und Claudia waren fassungslos, der Hunger war blitzartig verflogen. Nun wollten sie es genauer wissen und gesellten sich zu Tante Tranqui, die den angeblich Turtelnden gegenübersaß. Doch außer einer reichlich übertriebenen Zuprosterei geschah nichts mehr, als hätten Anke und der Grieche den Braten gerochen! Dennoch kamen bei den Mädels finstere Gedanken auf, die ließen sich nicht mehr wegwischen. Sie blieben am Ball. Später am Abend sprangen Anke und Dimitri plötzlich behände auf und verkündeten, einen Spaziergang machen zu wollen. Man müsse sich dringend die Beine vertreten, diese ewige Rumsitzerei wäre ja schlimm. Dann stiefelten sie in der Dunkelheit davon..."*Hallo? Dirk? Merkst du noch irgendwas?!*" Aber Dirk trank lieber Bier! Meine Mädels allerdings waren hellwach und nutzten die Gelegenheit um der Tante auf den Zahn zu fühlen, diese hatte sich nämlich seltsamer Weise nach meinem Tod auch nicht mehr blicken lassen.

„Tante Tranqui, wie geht es dir? Alles gut bei dir? Wir haben uns ja nach Mamas Tod gar nicht mehr gesehen. Du bist doch sonst immer regelmäßig angereist, Claudia und ich finden das komisch." Das Auge meiner Schwägerin begann zu zucken und ihr Stefan-Raab-Gedächtnis-Gebiss knarzte, trotzdem winkte sie ab und meinte „ach Kinder, ich hatte so viel zu tun, es tut mir sehr leid für euch, aber mit mir ist wirklich alles gut, ihr dürft euch nicht unterkriegen lassen. Wollen wir uns vielleicht auch mal kurz die Beine vertreten?" Die Mädels verstanden sich blind, hier war was im Busch. Die Tante hatte Signale gesendet. Sie schnappten sie sich und lustwandelten alibimäßig durch den Garten. Dann offenbarte ihnen die Tante, die plötzlich gar nicht mehr entspannt wirkte, ihr streng gehütetes Geheimnis. „Kinderchen, ihr wisst gar nicht wie schwer mir das fällt. Keiner Menschenseele habe ich jemals davon erzählt. Aber nun seid ihr erwachsen und könnt euch ein eigenes Bild machen. Ich finde, ich bin euch das schuldig, vielleicht hätte ich auch eher was sagen sollen." Was meine Schwägerin dann zu berichten hatte war der blanke Wahnsinn. Ich traute meinen Ohren nicht! Sie berichtete davon, dass mein griechischer Mann jahrelang und immer wieder gegen ihren Willen, versucht hatte, sobald sich auch nur die kleinste Gelegenheit ergab, an ihr herum zu tatschen. Er benahm sich fürchterlich. Sie wusste nicht damit umzugehen und schämte sich stattdessen in Grund und Boden. Erst heute war sie bereit ihr Schweigen zu brechen. Sie blickten schweigend zu Boden, während ich meinen ersten kompletten Überschlag absolvierte. *Ja ist das denn die Möglichkeit?!"* Dieses griechische Gestelze kannte man, doch diese Information war neu und wie ein Faustschlag mitten in die Visage.

Was wurde hier eigentlich gespielt? Sämtliche Wertvorstellungen stürzten in sich zusammen, die Bilderbuchfamilie war für Sandra und Claudia gestorben. Sandras Vater, Claudias Opa mutierte

zum notgeilen Lügenbaron und Claudias Mutter, Dimitris Schwiegertochter sah die Welt nur noch so, wie sie ihr gefiel. *„Wirklich filmreif."*
Und, um diese schaurige Neuigkeit zu bestätigen, blieben nach und nach wirklich alle Bekannten weg. Erst auf direkte Nachfrage berichteten sie von ähnlichen Vorkommnissen. Sandra stand es bis zum Hals. Sie raste vor Zorn, aber noch hatten sie keine handfesten Beweise um die zwei Turteltäubchen richtig zu belasten. Vielleicht erzählten diese Leute ja wirklich nur dummes Zeug. So würden es Dimitri und Anke jedenfalls auslegen, das war mal sicher. Von daher behielten sie erst einmal alles für sich und blieben wachsamer denn je. Wenn es tatsächlich ein Techtelmechtel gab, wusste ich, würden es Holmes & Doc Watson herausfinden.

6 *Verwandte und ein Tisch - Familienkonferenz!*

Dimitri und Anke ahnen noch nichts Böses, während sie genussvoll Torte in sich hineinschaufeln.

Der Punkt war gekommen, es reichte meiner Tochter! Ihr Vater blockierte in dieser Woche zum x-ten Mal das Telefon im Keller. Und das x-te Mal erzählte er ihr einen vom Pferd. *„Jetzt aber mal Butter bei die Fische"*. Sandra zählte eins und eins zusammen, von nun an testete sie jeden Dimitri-Anruf mit einem Gegenanruf bei Dirk und Anke. Drei Tage zog sie das durch, jedes Mal bestätigte sich, dass die Frau aus Pusemuckel wohl bei Dirk und Anke leben musste. *„Ha, so muss es wohl sein, ihr Spinner!"* Jedes verdammte Mal war auch dort besetzt!

Beim nächsten Freizeichen hieß es daher, sofort Dirk anrufen und die Sachlage besprechen. Dirk traute seinen Ohren nicht, er ließ sich aber noch beruhigen und lauschte dem Vorschlag seiner Schwester. Dimitri und Anke sollten zur Rede gestellt werden, aber es sollte sie unvorbereitet treffen. Claudia und Arndt wurden ebenfalls eingeweiht und stimmten aufgeregt zu.

Der kommende Sonntag wurde anvisiert, die idyllische Kaffeerunde vorbereitet. Es fanden sich ein: Die schwangere Claudia, Arndt, Sandra, Dirk, Anke und natürlich Dimitri, der ewige Trostempfänger. Michaela wurde zu Jörg geschickt um dort mit Kasimir zu spielen.

Mit bester Laune und ahnungslos Torte schmatzend saßen sie dar. Vorhang auf, dass Schauspiel konnte beginnen. Dirk hatte versprochen den Anfang zu machen. Nur wann? Es passierte einfach nichts, stattdessen servierte er Nachschlag! *„Himmel, Arsch und Zwirn es reichte, Mädels, so tut doch was!"* Claudia und Sandra starrten Dirk augenrollend an und versetzten ihm fast zugleich einen Tritt unterm Tisch. Sofort faselte er in seiner unverwechselbaren Art los. „Mensch, ihr Lieben wo wir hier doch so schön beisammen sitzen…sagt mal, Dimitri und Anke müssen wir uns Gedanken machen? Der Sandra war aufgefallen, dass wohl immer zeitgleich hier und bei uns besetzt ist, bestimmt nur Zufall ne?" Anke und Dimitri blieb kurzzeitig die Torte im Halse stecken. Dann giftete Anke pfeilschnell los. „Spioniert ihr uns hinterher, das ist jawohl das Allerletzte. Habt ihr zu viel Zeit?" Dimitri unterstrich das Ganze mit unkontrollierten pantomimischen Gesten und sinnhaften Äußerungen wie „Äh und Ah". Sandra platzte der Kragen. „Man wird jawohl noch fragen dürfen! Schon komisch Anke, ständig kreuzt du hier auf, am liebsten alleine und tust dabei so nett. Wie lange meinst du, nur so ungefähr, möchtest du meinen Vater noch trösten? Mama ist und bleibt tot, daher darf ich doch nachfragen oder?! Und wo wir hier gerade so schön sprechen, komisch, dass keine Verwandten und Bekannten uns mehr besuchen kommen. Mein lieber Vater, was meinst du, woran könnte das liegen? Tante Tranqui findet auch, dass du irgendwie ein Stelzbock bist. Ich erinnere euch an eine besagte Gartenfriemelei. Die Einzige die hier noch angeturnt kommt, ist deine plötzlich ziemlich aufgedonnerte Schwiegertochter Anke!" So jetzt war es aber raus, Sandra hatte sich richtig Luft gemacht. „*Gut gemacht mein Mädchen!*" Ich war stolz. Da kam auch meine Claudia in Fahrt. „Hm, und da das bestimmt alles ganz anders ist Opa Dimitri, wann stellst du uns denn mal deine neue Seelenverwandte die Pusemuckel-Frau vor? Wird doch echt mal Zeit, wir freuen uns doch schon so sehr." „*Bravo!*" Ich war begeistert. Da rastete Anke aus, erst schrie sie, schimpfte und trampelte wie der Teufel, dann lächelte sie süffisant und anmutend irre vor sich hin. Intrigante Biester und Aufhetzer wären die Mädels. Und die tablettenfressende Tante wäre eh plemplem. Mit Händen und Füßen und ihrem bevorzugten Fäkaljargon stritt sie alles ab. Was auch sonst. Dirk war auch hier wieder eine große Stütze, er wand sich mittlerweile wie ein serviler Aal und entschuldigte sich schon wieder.

„Mensch ja, ich glaube das ja auch nicht wirklich, aber wenn Sandra doch so was erzählt...! Aber jetzt ist ja zum Glück alles geklärt, noch ein Stück Torte für euch?" „Torte?!" Sandra sprang auf. „Sag mal Dirk bist du komplett übergeschnappt? Was bist du doch für ein Waschlappen, du unterstützt hier so niemanden. Und ihr beiden, ihr ödet mich an!" Mit diesen Worten verließ meine Tochter die Talkrunde „Dimitri am Nachmittag".

Am späteren Abend, die Anderen waren abgefahren, passierte es. Der Grieche entpuppte sich zum wahren Sprachwunder. Er marschierte die Treppe hoch und trötete seiner Tochter dabei im bösartigsten griechischsten Gossenslang Diverses, wie „Schlambe und faules Missestücks, äh" entgegen.

„Wow Dimitri, Hut ab, beeindruckend!" Auch hier musste bereits Ankes verbaler Geist Besitz von ihm ergriffen haben, anders konnte man es sich nicht erklären. Doch Sandra ließ sich nicht einschüchtern, sie riss die Wohnungstür auf und zischte bedrohlich: „Bleib auf deiner Wohnseite, riskiere es dir nicht, auch nur einen Schritt in meine Wohnung zu setzen, sprich mich nicht mehr an. Tust du es doch, passiert vielleicht ein Unglück, ich warne dich! Ab heute kannst du waschen, bügeln, kochen, putzen, deine Brote schmieren und vieles mehr, denn ich bin raus aus dieser kranken Nummer!" Dann schlug sie ihrem staunenden Vater die Tür vor der Nase zu.

Viel später am Abend hockten meine Mädels verschwörerisch beieinander. Sandra war, nachdem die Luft rein war und der Grieche sich wieder im Keller verschanzt hatte, zu Claudia und Arndt gedüst. Hier ließen sie den Tag Revue passieren. Anke und Dimitri konnten vielleicht Dirk für überaus dumm verkaufen, aber nicht meine Mädels!

35 *Tropfen Schmerzmittel später.*

Dirk liegt noch immer japsend und schmerzverzerrt auf dem Sofa. Die Diagnose Bandscheibenvorfall überraschte ihn. Aber mich konnte eigentlich gar nichts mehr überraschen.

Nach langem Hin und Her kam Dirk endlich in eine Spezialklinik und wurde operiert. Anke riss sich danach ein Bein aus und beglückte den frisch Operierten mit gegrillten Flattermännern und ihrer erfrischenden Art am Krankenbett. Wie der Zufall es wollte, kam einige Minuten später auch der Grieche angeschlürt, um seinen Anstandsbesuch abzuleisten. *„Zufälle gibt's!"* Wie einstudiert begrüßten sich Anke und Dimitri vollkommen überrascht.

"Äh, de Anke. Sorgste for de Lebensabschnittsgefahr?!"

"Ach Dimitri, da hätten wir ja zusammen fahren können, so ein Zufall. Beim nächsten Mal aber bestimmt!"

„Natürlich, liebe Anke!"

"Ja, äh Anke sicherer!" Dabei tätschelte er kurz Ankes Wange. Mein Sohn war Dank seiner Tropfen noch blinder und gutgläubiger als sonst.

Er lag satt, zufrieden und sauber operiert, von seinen Liebsten umgeben, in seinem Krankenbett. Ein Stündchen später verabschiedeten sie sich ordnungsgemäß und verließen gemeinsam die Klinik.

Auch die Mädels waren bereits auf dem Weg zu Dirk. Sie staunten nicht schlecht, als ihnen Dimitri und Anke zusammen in einem Auto auf dem Klinikparkplatz entgegenbrausten. *„Ja sicher...!"* Sandra und die mittlerweile hochschwangere Claudia betraten Dirks Krankenlager.

"Hallo, hast du alles überstanden, du Kranker?"

"Jau, Kinder, jetzt geht`s nur noch bergauf!"

"Ist ja wie im Taubenschlag hier! Dimitri und Anke kamen uns auch gerade zusammen im Auto entgegen."

"Ja, die sind fast zeitgleich eingetrudelt. Nächstes Mal wollen sie gleich zusammen fahren."

„Erde an Dirk!!!"

"Hä? Papa, merk mal was! Liegt das an deinen Tropfen? Die sind zusammen gekommen!"

"Ach was? Muss doch tatsächlich an den Tropfen liegen, ich armes Würstchen. Nichts kriege ich mit!"

"Man Papa, jetzt jammere doch nicht immer wie ein altes Waschweib, ist ja schlimm!"

142

Ein wenig Smalltalk später verabschiedeten sich die beiden und zogen in Richtung Parkplatz von dannen. Im Auto wurde sofort reflektiert und notiert. Holmes & Watson waren in ihrem Element!

∼

Dirks Abwesenheit kam bei dem Griechen und Anke besonders gut an. Endlich hatten sie freie Bahn für „Sexofränes" und andere Gelüste. Dazu zählte das praktische und gemeinsame Essengehen in den unterschiedlichsten Dorf-Restaurants.
"Äh, Anke wasse solle koche, isse Sperrmüll allein. Lasse gehe Esse. De Lebensabschnittsgefahr äh Dirk isse satt in de kranke Hause!" Freudestrahlend stimmte meine Schwiegertochter zu, parkte noch schnell die kleine Michaela ungefragt bei Sandra, und dann tingelten sie piekfein herausgeputzt und paarmäßig los. „Ach du grüne Neune!" Bei mir pingelten die Alarmglocken, ich wurde richtig sportlich in meiner Box.
Es folgte die Krönung! Eines frühen Abends stand Sandra, mit ihrem gesamten Einkauf auf dem Arm, vor der verschlossenen Haustür. Ihr

Haustürschlüssel bewegte sich keinen Millimeter im Schloss und so musste sie schwer bepackt ums Haus, durch den Kellereingang gehen. Was war nur mit der Haustür los? Schnell fand sie die Antwort. Dimitris griechischer Schlüssel steckte von innen und machte daher ein Öffnen unmöglich. Oha, Sandra wurde stinksauer, sie schimpfte laut. "Vatter, was ist hier los?"

Da stand der Grieche auch schon, ohne Haar-wachs-Frisur, dafür mit offener Hose vor ihr. Er spielte den Ahnungslosen und säuselte atemlos. "Wasse äh Schlössel, musse ölen Tür, machste widder Zinowa, du Lurk. Du haste kein Ahnunge, ich de Mann binne Hausmeister äh!"

"Ach was, und dafür muss man so aussehen, wie du jetzt? Offene Hose und Bums-Frisur ist die neue Hausmeister-Bekleidung?

„Interessant, du unqualifizierter Lügner!"

Und jetzt lass mich gefälligst vorbei, ich suche Unterlagen von Mama!"

Da stellte sich der Grieche auch schon mitten in den Türrahmen. Er verweigerte ihr den Zutritt. Kopfschüttelnd ließ sie ihn stehen und ging hoch in ihre Wohnung. Diese Story musste umgehend mit Claudia besprochen werden.

Spätabends stieg Dimitri automatisiert ins Kellerloch hinab, vermutlich wurde wieder geohrbumst! Das nutzte Sandra aus, um im Schlafzimmer zu spionieren. Das Erste was ihr sofort ins Auge stach und ihr einen Schock versetzte war das gemachte Ehebett!

Nur eine einzige Person auf diesem Planeten machte die Betten auf diese Art und Weise...

„Hilfe!!!"

~

Ein gesunder süßer Junge erblickte das Licht der Welt. Meine Claudia hatte es geschafft, Tim war da! Die Eltern waren stolz. *„Gut gemacht mein tapferes Mädchen!"*

Die Familie tanzte an und brachte Geschenke. Dirk wurde extra von Arndt aus der Rückenklinik angekarrt und war ein stolzer Opa. Selbst Anke war überschwänglich und gut zufrieden. Für eine kurze Zeit geriet die Watson-Liste fast in Vergessenheit. Bis zum Tag X, als Michaela aufgeregt berichtete, was sie heimlich draußen beim Spielen durchs Kellerfenster beobachten musste. Dimitri und Anke knutschend in der Kellerküche!

„In meiner Kellerküche?! Mädels, Watson-Liste!"

24. *Dezember!*

Das heilige Abendessen wird dieses Jahr bei Claudia und Arndt ausgerichtet. Claudia kocht gerne. Es gibt Klöße, Putenbraten, Sauce und Rotkohl für die (schein)heiligen Gäste.

Schick angezogen, stark duftend und frisiert thronten sie am Tisch. Weihnachtslieder ertönten im Hintergrund. Selbst Dirk, frisch aus dem Krankenhaus entlassen und nach wie vor vollgedröhnt, blickte amüsiert und verträumt in die Runde. Sandra fehlte, sie verzichtete dankend auf dieses Beisammensein, da nutzten auch Claudias Überredungskünste nichts. Sie verbrachte Weihnachten bei Freunden.

Während also Claudia Berge von Essen zum Tisch schleppte und mit einer inneren Genugtuung ihr neues heimeliges harmonisches Zuhause präsentierte, schenkte Arndt zur Feier des Tages Sekt aus. Zeitgleich wurde der kleine Tim umhergereicht wie das Jesuskind persönlich. Doch schon bald konnten sich Anke und Dimitri nicht mehr beherrschen und frönten kichernd ihrem Hobby. Korken und Gläser knallten! Anke schäumte über vor Selbstzufriedenheit. Claudia vermutete schon richtig, dass Ankes neue Zufriedenheit nicht an dem gelungenen Essen lag. Nein, nein, dafür war einzig und allein die Anwesenheit des Griechen verantwortlich.

Endlich, Aufbruchstimmung! Claudia verteilte die übrig gebliebenen Essensreste. Sie reichte ihrem Opa Dimitri die Rotkohlschüssel, der diese dann im nächsten unbeobachteten *„denkst du!"* Augenblick liebevoll an Anke weiterreichte. Verfolgt wurde diese Übergabe wiedermal von Arndt. Arndt traten vor Ungläubigkeit die Augen aus den Höhlen, er stupste Claudia an. Da durfte auch sie beobachten, wie zärtlich so ein Essensverteilungsprozess ablaufen konnte. Ohne auch nur mit einer einzigen Wimper zu zucken, gänzlich alle Etikette weit von sich werfend, stürzten sich Anke und Dimitri in eine wilde Handstreichelorgie und massierten sich die Rotkohlschüssel zu. So was hatte die Welt noch nicht gesehen! *„Und ich auch nicht, ich kriege hier unten die Pimpernellen!"*

Noch in der heiligen Nacht, die Streichler hatten sich zum Glück verabschiedet, klingelte Claudia aufgeregt bei Sandra durch. Maschinengewehrartig berichtete sie von den Ereignissen des Abends. Sandra konnte kaum folgen, sie verstand nur Hände, Rotkohlübergabe und Handmassage?!

„Claudia, bitte, jetzt mal vernünftig, ich verstehe nur Bahnhof!" Claudia berichtete aufgeregt aber detailgetreu von dem heiligen gestreichelten Kohl. *„So, jetzt reicht es mir aber!"*
Die Mädels beschlossen, egal in welchem Zustand sich Dirk befinden sollte, nach den Weihnachtstagen alles ans Tageslicht zu befördern. Sie wollten keine Rücksicht mehr auf Gebrechen oder andere desolate Zustände nehmen. Doch vorher noch, am zweiten Weihnachtstag, berichtete Claudia ihrer Schwiegerfamilie von den jüngsten Ereignissen und der Kohlmassage. Alles was Claudia erntete waren ungläubige, irritierte Blicke. Arndts Familie konnte sich solch eine Konstellation im Leben nicht vorstellen. Schwiegertochter und Schwiegervater? Niemals, Claudia und Sandra sollten sich mal nicht so hineinsteigern. *„Ja ja, ist schon klar...!"*

~

Die Schonzeit war vorbei! Meine Mädels konfrontierten Dirk mit der Rotkohlsache und dem notierten Rest der Watson-Liste!

„Dirk, willst oder kannst du es nicht begreifen? Und bitte schieb nicht wieder alles auf diese dämlichen Tropfen!" Kreidebleich und stumm lauschte er den Worten der Mädels. Plötzlich übernahm er wie ausgewechselt das Kommando und schoss mit den Mädels in sein Elternhaus. Dort fläzten tröstend vereint, Dimitri und Anke in der gewohnten Sitzkonstellation auf der Küchenbank, eng aneinander gepresst. Dirk grätschte in das Stillleben hinein und posaunte: „So, jetzt reicht es Anke! Tacheless! Raus mit der Sprache, sofort. Ich lasse mich nicht mehr verarschen, habt ihr was miteinander?! *Dirk, so kenne ich dich ja gar nicht, Donnerlittchen!*" Ich war extrem angetan von dieser neuen Klarheit und wartete halbwegs gespannt auf Ankes Antwort, die da lautete: „Ihr nervt, lasst uns endlich in Ruhe. Dann ist es eben so! Na und!? Mit uns ist es eh vorbei. Oder meint ihr ernsthaft ihr könntet noch irgendwas daran ändern… na?!"

Im Gegensatz dazu sagte Dimitri lieber gar nichts. Er kauerte ehrfürchtig umherblickend, dann zustimmend nickend, mit glühendroter Birne neben seiner Gebieterin. Mir wurde ein wenig übel. Dirk geriet nach diesem Offenbarungserlebnis außer Rand und Band. Er griff wie von der

Tarantel gestochen nach einem Brotmesser und bäumte sich vor dem Griechen auf. Er drohte mit sämtlichen Unannehmlichkeiten, die dieser zu erwarten hätte, auch mit Mord durch Erstechen. Anke missachtete er dabei komplett, unfair wie ich fand, aber nicht zu ändern. Claudia erkannte jedenfalls die Gefahr und riss ihrem Vater das Messer aus den Pranken, nicht, dass noch ein größeres Unglück passierte. Dann verließen meine Mädels und ein fassungsloser Dirk das Haus, sie wanderten zielstrebig rüber zu Jörg, um das Unvorstellbare zu berichten.

Dimitri und Anke wollten also ihre Ruhe? Aber gerne, die konnten sie jetzt haben.

2. Teil – *Chucky die Mörderpuppe!*

Die Mädels freuen sich wie verrückt. Die Filmvorführung startet.

Claudia reiste mit dem zehn Wochen jungen Tim an. Als sie auf dem Weg nach oben zu Sandra schlich, wurde sie doch tatsächlich von Dimitri abgefangen. Mist, darauf hatte sie überhaupt keine Lust, sie wollte keinen Kontakt. Doch Dimitri ließ sich nicht verscheuchen. Extrem naiv, als wäre nie etwas gewesen, begrüßte er seine Enkelin samt Nachwuchs. „Äh, de Timi, komme zu de Opa Dimitri!" *„Wie jetzt Opa, mein lieber Grieche jetzt ist es aber mal gut!"* Bei Claudia machte sich Entsetzen breit. Sie wusste gar nicht wie ihr geschah. Opa, Uropa, Stiefvater… „Wie, habe ich richtig gehört? Mein Sohn und ich haben nun den gleichen Großvater, einen Großvater der dazu mit meiner Mutter zusammenlebt?" Kurz verunsichert, dann aber wieder schief grinsend, drückte er meiner Enkelin fünfzig D-Mark in die Hand! *„Na typisch."* Claudia wurde, dem Himmel sei Dank, durch Sandras eindringliches Zurufen, aus dieser höchst unangenehmen Situation befreit. Claudia ließ Dimitri stehen und begrüßte Sandra schwesterlich. Danach versorgten sie den kleinen Tim. Als dieser selig sein Schläfchen im Reisebett machte, konnte der kolossale „Chucky" endlich zur Tat schreiten! Dabei wurden in Gedenken an vergangene schöne Zeiten leckere Schinkenbrote gefuttert. Claudia genoss diese atmosphärische Ruhe, denn ansonsten rannten ihr neuerdings nach dem Zerwürfnis mit Anke und Dimitri, Dirk und Michaela täglich die Bude ein.

Anke war umgehend nach der unseligen Offenbarung ausgezogen und zum Schein in eine kleine Wohnung umgezogen. Michaela wurde bei ihrem Vater gelassen, da Anke freie Bahn und Raum für ihre Romanze benötigte. „*Ihhhh....!*" Doch Dirk und Michaela wussten einfach nichts mit sich anzufangen und so verbrachten sie jede freie Minute bei Claudia und Arndt. Nur zum Schlafen fuhren sie nach Hause. Und unglaublich, aber gelegentlich wagte es Anke bei Claudia aufzutauchen, um Tim zu besuchen. Die Schreckschraube hatte wirklich Nerven! Wie selbstverständlich schlug sie auf, hinterließ riesenhafte Geschenke oder Geld, aber verlor kein einziges Wort über das Unfassbare. Nie! Claudia nahm das Geld und die Geschenke, sie dachte sich ihren Teil. Sollte

ihre Mutter doch bezahlen, das war das Mindes-
te....

~

Das Elend nahm fortwährend seinen Lauf. Dimitri war schon lange nicht mehr tragbar, aber jetzt,
nachdem die Maskeraden gefallen waren, hielt
sich auch noch Anke, wie selbstverständlich ständig und andauernd, bei ihrem griechischen Lover
auf! Jede Begegnung, soweit möglich, wurde von
Sandra vermieden. Ihre Schwägerin und ihr Vater
waren eine Zumutung. Laut den beiden durfte
hier jeder machen was er wollte?! Bitte sehr! Eines Abends teilte sie ihrem Vater mit, dass sie
ausziehen würde. Ein weiteres Zusammenleben
mit ihm und seiner neuen Flamme war für sie
undenkbar. Kuhäugig stand der Grieche vor ihr,
wurde blass vor Überforderung und sprach kein
Wort. Verstanden hatte er wahrscheinlich wieder
nichts! *„Tja Dimitri, da wirst du dich dann aber
noch wundern!"* So ließ Sandra ihren Vater stehen
und fing an, die ersten Kartons zu packen.
An der Griechenfront blieb es erstaunlich ruhig,
was sehr komisch war. Bis zu dem Tag als der

Umzugswagen vor der Tür stand. Die ersten Kartons verließen gerade das Haus, da stürzte Dimitri sich hysterisch auf einen nichts Böses ahnenden Umzugshelfer. Kartons flogen und Dimitris gewaltige Stimme hallte durchs Dorf. „Äh wasse hirr loss? Holle Polizei, de Verbrechers! Nichts fasse du an, nimme de Händs hoch!" Die ersten Nachbarn lukten schon neugierig aus ihren Hausöffnungen, endlich war mal was los in der Straße –peinlich. Der Umzugshelfer war so gut wie einer Ohnmacht nahe, als Sandra angerannt kam.

„Vatter? Bisschen viel Tatort geschaut in letzter Zeit? Ich sagte doch, dass ich ausziehe! Lass die Männer gefälligst in Ruhe arbeiten!"

„Äh, wasse? Ha, du ziehe gar nix aus!"

„Doch, heute bin ich weg, ich sagte es schon vor Tagen. Begreifst und hörst du nichts?"

„Ich äh de Hausmeister, du Tochters bleibste hirr, isse schön hirr!"

„Schön? Dann genieße mal die schöne Zeit mit deiner Schwiegertochter, ab heute im komplett sturmfreien Liebesnest. Ich bin weg. Beppo hole ich in ein paar Tagen, wenn die Küche steht. Überleg dir bis dahin, was mit dem Haus passiert, verkaufen oder so...du weißt ja wo ich nun wohne, für den Notfall. Tschüssi."

Wenige Tage später wartete Sandra in ihrer neuen Wohnung auf Claudia. Die beiden wollten alles schön dekorieren, quatschen und später Beppo holen.

Ding-Dong, da klingelte es. Bestimmt Claudia! Sandra eilte freudig zur Haustür, dort stand allerdings nicht Claudia, sondern der frisch verliebte Dimitri! Mit Beppo unterm Arm und einer teuflisch grinsenden Anke im Schlepptau stand er ihr steif und überheblich gegenüber. Blasiert drückte er ihr Beppo entgegen.

„Unzuverlässige Lurk-Luder, de Hund vernachlässige, einfachst bisse weg, da!" „Sag mal, mein Grieche, so ganz dicht warst du ja nie, aber langsam denke ich, du hast ein gewaltiges Loch in deinem Oberstübchen!"

„Ich hätte den Hund abgeholt, ich sagte es dir bereits. Das ist so krank!"

Krank, dass war eindeutig Ankes Stichwort, sie meldete sich schlau zu Wort.

„Nicht die Verantwortung von sich schieben und anderen aufs Auge drücken. Man hat auch Pflichten!" *„Bitte? Oh du hinterhältiges Biest, wenn ich nur könnte…!"*

„Ja richtig Anke, darauf habe ich gewartet! In diesem Sinne seht jetzt bitte zu, dass ihr eure pflichtbewussten breiten Hintern von diesem Grundstück bewegt. Hasta la vista, ihr entschuldigt mich!?" Und dann knallte die Tür ins Schloss. *„Wunderbar!"*

Als dann endlich die ersehnte Claudia eintraf sprudelte es aus Sandra heraus. Zornig saßen die Mädels auf dem Sofa, dass konnte noch heiter werden. *„Ganz bestimmt, Mädels…!"*

38 *heißt die magische Zahl!*

Größe 38 und Dirk rastet förmlich aus. Immer wieder wispert er diese Größenangabe ergriffen vor sich hin. Die Mädels können es nicht mehr hören und von mir will ich mal besser erst gar nicht sprechen…

Wie der Zufall es wollte fing Dirk plötzlich an gemeinsame Zukunftspläne zu schmieden. Er wäre ja schließlich eh immer bei Claudia und Arndt, dann könnte man sich doch zusammen ein Haus kaufen. Die Begeisterung bei Claudia hielt sich im Rahmen, aber aus finanzieller Sicht war es schon eine Überlegung wert. *„Oh oh Claudia, überlegt euch das gut, ich ahne es schon!"*
Dirk war jedenfalls hingerissen von seiner eigenen Idee und bat sofort den Geschäftsmann, Onkel Sülze, um Unterstützung bei der Haussuche. Ich fragte mich, wie Dirk ein Haus bezahlen könnte? Jedenfalls dauerte es nicht lange, da präsentierte Onkel Sülze den ersten Besichtigungstermin für ein Haus. Dirk raste euphorisch durch die Räume der angepriesenen Dachgeschosswohnung und plante wie von Sinnen die Inneneinrichtung. Was dieser Mann alles vorhatte! Allerdings blendete er bei diesen Fantastereien seine

zwei linken Handwerkerhände und die immensen Renovierungsarbeiten und Kosten komplett aus. Arndt sah in diesem Haus ebenfalls Potenzial und scheute sich nicht vor Arbeit. Der Preis passte und so besiegelten Dirk und Arndt das Unglück. Dirk oben und Arndt mit Familie unten, alles war geritzt. Die Tatsache, dass die obere Wohnung noch durch Mieter, die allerdings bald ausziehen sollten, bewohnt war, störte ihn nicht. Die Übergangszeit nutzte Dirk ziemlich effektiv für andere Aktivitäten. Er war wild und fast schon panisch auf Brautschau. Er hatte keinen speziellen Typ Frau, wählerisch war er auch nicht. Von daher war einfach „alles" dabei. Eine Bauchladenverkäuferin, das 9 ½-Wochen-Kühlschrank-Girl und die Pseudosinglefrau, die Dirk allesamt ausnahmen wie einen dummen Weihnachtsgänserich. Dirk gab alles, im wahrsten Sinne, sogar Ankes Goldschmuck, den sie vorerst nicht mitgenommen hatte. Was kostete auch wieder die Welt? *„Ach Dirk, so kenne ich dich!"* Dazu kam, dass Dirk seiner Tochter sämtliche Frauenzimmer vorstellte. Er legte sehr viel Wert auf Claudias Meinung, denn eine eigene hatte er nicht. Claudia fühlte sich unwohl und überfordert. Erst die eigene Mutter, die mit dem Opa rummacht und jetzt sollte sie auch noch die Zukünftige für ihren Vater auswählen? Beängstigende Welt.

Nun denn, irgendwann verflog bei Dirk die erste Euphorie und als keine der Ladys ihm wirklich geeignet erschien, gab er eine Annonce auf. Er ließ nichts aus, benahm sich wie ein Teenager und breakdancte auf sämtlichen Tanzflächen der Dorf-Discotheken umher. Die übrige Tageszeit verbrachte er wartend auf Post, von weiteren beziehungsunfähigen Frauen. Das Warten hatte sich eines Tages gelohnt!

~

Da kam sie! Die Frau im Streifenrock mit der Ausstrahlung einer Nebelkrähe. Sie war keine Sympathieträgerin. Stolz wie Oscar präsentierte Dirk seiner Angebeteten, Dipl.-Ing. Zündi, sein baldiges, und vielleicht auch ihres, neues Heim. Wie ein Reiseführer latschte er mit ihr durch die Gemächer und plante dabei ausschweifend die architektonischen Meisterwerke. Doch was war nur los? Zündi war nicht halb so angetan wie Dirk. Stattdessen rümpfte sie ihr schiefes Näschen, sie war eindeutig Besseres gewohnt. Dirk übersah Zündis Einwände, stattdessen faselte er trancegleich in einer Endlosschleife vor sich hin.

„Meine Schönste, Größe 38, Donnerwetter. Alle können da gucken, diese Figur, Größe 38, bald leben wir hier in dieser Traumwohnung vereint!"

„Dirk, gleich knallts, außer Größe 38 hat die Frau gar nichts und sie hasst das Haus!"

Zündi genoss jedes gesprochene Wort, sie schwebte in Dirks absoluten Lebensmittelpunkt. Die Besuche bei seiner Tochter wurden weniger, was Claudia begrüßte, doch hatte diese neue Liebelei eine klitzekleine Nebenwirkung. Weder Dirk, noch Anke, wollten oder konnten sich um Michaela kümmern! So wurde das Kind, natürlich nur vorübergehend, *„natürlich"*, bei Claudia einquartiert. Man einigte sich auf diesen Zustand, solange bis Dirk die obere Wohnung beziehen konnte.

In der Zwischenzeit stellte Dirk Gott und der Welt seine neue Eroberung vor. Sie war schon ein richtiger Sonnenschein, so live, in Farbe und in Größe 38. Sandra war ähnlich begeistert wie Claudia. Ab und zu, wenn Dirk alleine unterwegs sein durfte, was überaus selten der Fall war, plauderte er aus dem privaten Nähkästchen. Er war so verschossen, noch dazu konnte Zündi wohl keine Kinder bekommen...für Dirk war das perfekt, Lebensfreude pur! *„Junge, ich kann es nicht mehr hören."* So langsam nervten seine Besuche und sein Gelaber. Auf die Spitze trieb er es, als er im Schlepptau mit seiner Nebelkrähe, von einem dubiosen Body-Kauf erzählte, und was er mit Dippelink-Zündi in diesem sexy Teil gleich im Detail anstellen würde. *„Oh Gott!"* Claudia bekam einen Vollreiz, so was wollte sie nicht hören „Papa, hör auf, Kopfkino. Schrecklich", aber Dirk und seine Krähe lachten nur frivol.

~

Große Veränderungen gab es auch bei Sandra. Sie einigte sich mit ihrem Vater darauf, dass Haus zu verkaufen. Ein komisches Gefühl war das für Sandra. *„Mein Mädchen, es geht nicht anders, ich verstehe dich!"* Schnell fand sich ein Käufer, dem Dimitri, unpassend großzügig wie er war, auch gleich das ganze komplette Mobiliar kostenlos überließ. *„Sag, hast du sie noch alle, du Armleuchter?!"* Der Verkaufspreis wurde geteilt und dann hieß es für Sandra, Adios altes Leben. Sie nahm sich ihr, wie sie es nannte, Schmerzensgeld und verschwand aus ihrem alten Leben. Eine Person nahm allerdings Witterung auf. *„Wenn`s um Geld geht – Dirk!"* Ihr Bruder ließ nicht lange auf sein Erscheinen warten und fragte auch gleich ohne Umschweife nach einer milden Gabe. Schließlich bräuchte er für sein neues Domizil noch das ein oder andere schicke Teil. *"Na, hast du Töne. Du Geier. Schaff doch mal irgendwas in deinem Leben aus eigener Kraft."* Sandra verharrte kurz und überlegte. Was hatte ihr Bruder eigentlich in all den Jahren jemals für sie getan? Ihr fiel nichts ein und von daher lautete die Antwort: NEIN.

Dimitri hingegen spendierte überall und jedem alles. Er hatte praktisch vierundzwanzig Stunden am Tag die Spendierhosen an. Gönnerlaune vom Feinsten. Anke fand das spitzenmäßig und unterstützte Dimitri bei sämtlichen Ausgaben voller Hingabe. Lange dauerte es nicht, da fanden sie eine sehr exquisite Immobilie und zogen ein. Herrschaftlich ausgestattet frönten sie dem Genuss. Michaela wohnte weiterhin, völlig kostenfrei, bei Claudia.

850 *feierliche D-Mark!*

Dieses nette Sümmchen bekommt Claudia von ihrem Vater zum Geburtstag geschenkt. Schön wäre es gewesen…

Dirk und Zündi klingelten an Claudias Haustür. Das Paar wollte frohe Botschaften und egoistische Lebenspläne verkünden. Die erste Botschaft lautete: Dirk wollte vom Hauskaufvertrag Abstand nehmen! Das musste sacken. *„Kinder ich sagte es bereits."* Der lieben Zündi war das Haus einfach nicht gut genug, sie wollte ihr eigenes Haus bauen. Und rein zufällig, wie ein verdammtes Wunder, war Zündi nun auch noch schwanger. Das Kind, dass Zündi ja eigentlich nie bekommen konnte, war nun wie durch Geisterhand, unterwegs. *„Preiset den Herrn, ein Wunder ist geschehen!"* Diese Wohnung war ihr von Anfang an ein Dorn im Auge und jetzt hatte sie eine passende Ausrede! „Claudia meine Süße, wir sind ja beste Freundinnen, ich hätte gerne hier mit euch gelebt, aber mit Nachwuchs ist es wirklich zu eng. Das verstehst du sicher, Bussi", flötete sie linkisch. *„Du verlogene Ziege!"* Laut Zündi und Dirk gab es nun tatsächlich nichts weiter zu besprechen. Ende der Diskussion. Claudia und Arndt saßen da wie die Ölgötzen. *„Na warte Dirk, du wirst noch dein blaues Wunder erleben!"*. Es half alles nichts, sie mussten handeln. Die Kreditänderung kostete die Kleinigkeit von dreizehntausend Mark. Der Notar ließ sich auch nicht lumpen und berechnete wahnwitzige achthundertfünfzig Mark für seine minimalistischen Leistungen. Von der monatlichen Mehrbelastung die sie von nun an zu leisten hatten wollen wir gar nicht sprechen…

Komme ich also zu Claudias einundzwanzigsten Geburtstag. Die engsten Verwandten waren geladen. Anke und Dimitri blieben fern. Perfekt, bis die Restauranttür aufflog und Dirk wie Graf Koks den Festsaal betrat. Zündi stöckelte steif hinterher. Feierlich, mit überschwänglicher Geste, überreichte er seiner Tochter einen goldenen Umschlag. Claudia war aufgeregt und gut gelaunt, sie öffnete den Umschlag, dann verging ihr alles. Ihr Puls raste, sie zitterte am ganzen Körper. Welch ein barmherziges Geschenk. In diesem Umschlag befand sich doch tatsächlich die Quittung der bezahlten Notarrechnung in Höhe von achthundertfünfzig Mark. Claudia und Arndt verstanden die Welt nicht mehr. Das sollte ein

Geschenk sein? Die Kosten hatte Dirk doch so oder so zu tragen, was also sollte dieser Unsinn? Da richtete Dirk auch schon das geschwollene Wort an seine Tochter: "So Claudia, das war aber wirklich eine Ausnahme, so spendabel bin ich nur heute. Ich habe eben ein weiches Herz." "*Grund-gütiger!*" Dirk drehte mal wieder die Dinge, wie er sie brauchte. Ein schöner Geburtstag…

Dirk war so unglaublich dickfällig. Schon am nächsten Nachmittag, kreuzte er ohne Gewissensbisse, sein Leid klagend, bei Claudia und Arndt auf. "Ich Ärmster, gestern konnte ich das nicht erzählen, aber ich bin echt im Eimer. Ich wollte doch keine Kinder mehr, sie konnte doch auch keine bekommen und jetzt auf einmal ist sie schwanger!!! Ich habe großes Theater mit Zündi 38. Trotzdem habe ich keine Kosten gescheut und die Notarrechnung übernommen. Ich bin wirklich zu gut für diese Welt oder?!" "*Mir kommt gleich die Galle hoch, was ist nur mit dieser Kanaille los? Lasst euch das nicht bieten!*"
In diesem Moment platzten Arndt vor Wut und Hass sämtliche Geduldsfäden. "Pass mal gut auf Dirk, ich lasse total gerne weiterhin deine Tochter Michaela hier wohnen, ganz kostenlos wie dir

aufgefallen sein sollte, bezahle auch noch sämtliche Folgekosten deines Vertragsbruchs und dann höre ich mir noch dein dummes Gesülze an. Das mache ich nicht mehr mit. Feierabend und raus hier, bevor ich mich vergesse!"

120 *km/h und mehr Glück als Verstand!*

Dimitri gibt Gas und Anke schwingt den Lockenstab, während die Mädels Kontakt aufnehmen.

Langsam aber sicher befanden sich die Mädels am Rand ihrer Verzweiflung. In dieser Zeit fragten sie sich oft, was ich wohl dazu gesagt hätte...*"Mädels, wenn ihr wüsstet, ich werde hier zur Zirkusartistin!"* Sie versuchten mit allen erdenklichen Mitteln Kontakt zu mir aufzunehmen und da kam ihnen Iris, Claudias Bekannte, sehr gelegen. Iris hatte ein Mega-Faible für Esoterik und Geisterkram. Daher dauerte es nicht lange, da saßen sie zusammen um den Küchentisch und orakelten jahrmarktmäßig, bei Kerzenschein über einem Witchboard. Mit Gänsehaut am ganzen Körper warteten sie gespannt auf eine, hoffentlich baldige, Kontaktaufnahme meines vermeidlichen Geistes. Ich musste kichern, *„Mädels, so ein Quatsch!"*

Eine baldige Kontaktaufnahme, allerdings zu ihrer Tochter, wünschte sich auch Anke. Den Lockenstab schwingend stieg sie zu Herzblatt Dimitri ins Auto. *"Mutig!"* Dieses Fönstab-

Ritual, ohne jegliche Absprache mit ihrer Tochter, vollzog sie serienterminmäßig jeden Samstag um Schlag 14:00 Uhr. An diesem besagten spirituellen Samstag machte ihr Claudia einen fetten Strich durch die Rechnung. Sie war es leid immer zur Verfügung stehen zu müssen, wann immer es der dominanten Anke in den Kram passte. Heute jedenfalls tanzte Claudia nicht nach ihrer Pfeife!

Dimitri bretterte mit 120 Sachen, mit einer keifenden und unfrisierten Anke an seiner Seite, durch die geschlossene Ortschaft. Er hielt erst am Mittelstreifen einer Schnellstraße, denn die eigentliche Haltelinie hatte er im gekonnt überfahren. Dem Tode nahe, verschlug es selbst Anke die Sprache.

Claudia, Sandra und Iris wurden durch das penetrante Klingeln an der Haustür aufgeschreckt. Iris öffnete ahnungslos, da stürmte Anke auch schon wie eine KZ-Aufseherin an ihr vorbei. Sie marschierte in die fremde Küche und schnauzte bedrohlich in die Runde.

"Fräulein, wirst du immer fauler? Einfach nicht da sein, wo gibt es denn so was? Ich musste Arndt nach der Adresse fragen. Wenn das noch einmal vorkommt, dann Gnade Gott! Immer nehmen, aber nichts geben!"

"Du hast mich nicht gefragt, du fragst nie! Du kommst einfach und dann muss ich parat stehen. Du bist peinlich!"

"Sie zu, dass du mir die Haare machst und denk daran, wer hier vor dir steht. Wir sind eingeladen worden, also mach!"

Wütend lockte Claudia ihrer Mutter das Haar und machte hinter ihrem Rücken fiese Grimassen. Das durfte doch alles nicht wahr sein. Anke erpresste sich durch finanzielle Gaben, Claudias uneingeschränkte Aufmerksamkeit wann immer es ihr in den Kram passte. Tanzte man aus der Reihe, strafte sie es sofort mit Entzug von zugesagten Dingen oder Aktivitäten. Anke wusste genau, welchen Knopf sie zu drücken hatte. Fairness kannte sie nicht. Ein Teufelskreis.

Selbst die gerufenen Geister waren verschreckt worden, denn es rührte sich nichts mehr. Nun, eigentlich hatte sich auch vorher schon nichts gerührt. *"Mädels, Gläser waren noch nie mein Fall, aber ich höre euch auch so zu...Ehrenwort!"*

12,90 *D-Mark bitte!*

Sabine verkauft lallend Schnitzel. Vom Bürojob an die „Wurstbar"! Wieso, weshalb, warum?

Die Zeit verging, die Mädels hatten sich mal mehr, mal weniger mit der Situation arrangiert und abgefunden. Doch es hörte einfach nicht auf in dieser Familie.

Nun drehten Sabine und Jörg auf einmal auf. Die beiden hatten sich über Nacht entschieden, beruflich noch einmal durchzustarten und sich zu verändern. So eröffneten sie von heute auf morgen einen kleinen Wurstwarenbetrieb. *„Wie jetzt? Wurst?"* Beliefert wurden sie vom befreundeten Stadtmetzger. Vielleicht konnte dieser extreme Berufswechsel auch ihre extreme Beziehung kitten? *„Träume sollte man ruhig haben…"*

Die allgemeine Stimmung an der Wursttheke war meistens bombenmäßig. Das lag daran, dass auch gerne ein hochprozentiger Umtrunk zum Schnitzel, über die Theke gereicht wurde. Natürlich galt das Angebot nur für Stammgäste. Und Stammgäste gab es viele! Als Zeichen ihrer starken Verbundenheit trank Sabine jedes Mal mit.

Am Ende eines, von Stammkunden übersäten Arbeitstages, hatte Sabinchen dann wirklich alle Lampen an. In dieser Hochstimmung ging es Zuhause weiter. Essen war reine Nebensache, wenn es überhaupt was gab, dann nur undefinierbares Zeugs. Jörg war sauer. Der Neustart der Beziehung rückte für ihn in sehr weite Ferne, er untersagte ihr die täglichen Tresen- und Hauspartys. Na und, dann torkelte Sabine eben mit Koteletts, Rouladen und Schnaps alleine im Laden vor sich hin. Nachts flitzte sie dann stark angebreitet in ihrem Sportwagen nach Hause. Stoppen ließ sie sich nur noch von der Polizei, die in einer dunklen Nacht aus Rennfahrer-Sabine die zukünftige Klapprad-Sabine machten! *„Das wurde aber auch Zeit."* Sabine nahm es mit Humor, Hauptsache der Stadtmetzger lieferte weiterhin seine Waren. Und wie er das tat! Der Metzger war ein ganzer Kerl, dank Wurst. Er und Sabine fanden sich dazu noch spitzenmäßig sexy, da lag es nahe, dass er, selbstlos wie er war, zusätzliche Dienste anbot.

Jörg, der von den heimlichen Ladenpartys wusste, wollte es genauer wissen. So ließ er nach Ladenschluss in der Herrentoilette des Wurstladens das Fenster angelehnt. Gesagt getan, er kletterte spät am Abend durch das Fenster und horchte in den Laden. Seltsame animalische Laute drangen an sein Ohr. Als er dazu sehen durfte, wie seine Schnapsdrossel vom Metzger-Kumpel mit nackten Tatsachen, auf dem Tresen, beliefert wurde, gingen die Pferde mit ihm durch. *„Mahlzeit!"* Es folgte ein wildes Durcheinander und Gerangel. Mettwürste, Senfgläser, Flaschen flogen, dazwischen sprangen Metzgermeister und Sabine unten ohne nervös umher…dann flogen die Fetzen.

Sabine und Jörg gingen von nun an getrennte Wege. Alles wurde verkauft und der Metzger kehrte nie wieder bei Sabine ein. *„Im wahrsten Sinne des Wortes"*.

3,5 *Stunden Flugzeit später.*

Anke und Dimitri erreichen ihr Honeymoon-Ziel. Jetzt läuten endlich auch offiziell die griechischen Hochzeitsglocken. „Na denn man tau..."

Der Rest meiner Familie wusste es besser und blieb diesem griechischen Hochzeitsspektakel fern. Dafür war Dimitris Verwandtschaft anwesend und kümmerte sich recht halbherzig um das Nötigste. Scheinbar wortlos nahmen sie diese neue Liebeskonstellation hin, was hätten sie auch ausrichten sollen?

Nachdem die beiden Turteltauben aufgedonnert bis zur Unkenntlichkeit, zärtlich das Nä-Wort in der Kapelle hauchten und ihre komische Eheschließung vor Gott dem Allmächtigen *„pah!"* besiegelten, sprangen sie mit ihren in Ekstase geratenen Füßen durch den warmen Sand der Liebe. Anschließend ging es liebestrunken in die Zeus-Taverne, die extra für dieses Trauerspiel angemietet wurde. Dort futterten sie bis der Arzt kam und auch der Alkohol floss fontänenmäßig.

„Jamas! Und wie ich euch DAS gönne. Ihr werdet viel Freude aneinander haben, haha!"

Nach Mitternacht betraten Anke und Dimitri endlich ihre Honeymoon-Gemächer. Vermutlich praktizierten sie dort wollüstig und ungestört „sexofräne" Handlungen. *„Pfui, ich halte mir die Augen zu!"*

Zügig ging es zurück in die deutsche Heimat. Dort luden Herr und Frau Dimitri, wie jedes Mal zu Anlässen, nachträglich zum Hochzeitsschmaus ein. *„…langweilig!"* Sie wollten auch hier offiziell ihre Liebe präsentieren. Die Mädels nahmen freudlos an dieser Sache teil. Sie hatten einfach keine Lust auf irgendwelche Vorhaltungen. Noch waren meine Mädels nicht in der Lage sich abzugrenzen. *„Aber kommt Zeit, kommt Rat und dann die Tat…"*

∼

Anke, noch immer im siebten Hochzeitshimmel-Rausch gefangen, verwandelte sich plötzlich in eine Wedding-Plannerin!

Als Claudia ihr mitteilte, dass nun auch bei Arndt und ihr in unmittelbarer Zukunft die standesamt-lichen Glocken läuten sollten, überschlug sie sich vor Planungseifer. Auch hatte sie mit einem Mal gar kein Verständnis mehr für, in ihren Augen, überaus spartanische Feiern. Claudia sollte, nein sie musste, in Weiß und mit Gottes Segen heiraten! *„Und ich segne dich gleich mal, du Mistfliege!"* Claudia winkte nur ab und Anke verstand ihre Welt nicht mehr.

„Wie? Nicht mit Gottes Segen? Nicht im Brautkleid?" Das gibt es doch nicht, sind wir bei Asozialen?!"

„Mutter, jetzt ist es aber gut ja! Lass es einfach. Unser Leben ist das!"

„Fräulein, dass lasse ich nicht zu. Ich gebe dir Geld! Sind 10.000 genug?"

Claudia rang nach Luft, ungläubig beäugte sie ihre Mutter.

„Nein! Verdammt, lass die Kohle stecken. Ich weiß genau, was dann passiert!"

„Ah, was passiert denn genau?"

„Ich sage es dir, dann stehe ich nämlich in deiner ewigen Schuld und du reist noch in hundert Jahren mit dem Lockenstab hinter mir her. Nein danke, ich werde nicht zu deiner persönlichen Marionette."

„Du undankbares Stück! Dann feiert doch wie die Penner, ich komme jedenfalls nicht.

„Deine Entscheidung, du bist erwachsen und ich bin nicht böse!"

Anke durchbohrte ihre Tochter hasserfüllt, wenn Blicke töten könnten, hätte meine Enkelin in diesem Moment spontan das Zeitliche gesegnet.

Es wurde eine schöne und entspannte Trauung.

„Schön!"

666 *Mal ballert es an der Tür!*

Anke praktiziert penetrante Klopfbesuche und sie hat Durchhaltevermögen. Es wird ihr kein Einlass gewährt.

Ein paar Jahre waren vergangen. Die Mädels besuchten die Familie nur, wenn es unvermeidbar war. Michaela wohnte noch immer bei Claudia, alles wie gehabt, alles unfassbar. Claudia machte gute Miene zum bösen Spiel, die Elternteile konnten sich scheinbar nicht überwinden für Michaela Platz zu schaffen. *„Klar, ist doch auch schön einfach so. Setz dich durch!"*
Dazu blieben Anke und ihr Untertan weiterhin distanzresistent. Es war wie verhext. Für die beiden lief alles bestens und total normal. Kinder mussten in ihrer Vorstellung zu jeder Tages- und Nachtzeit ansprechbar sein. Nur so konnte eine immerwährende Kontaktaufnahme funktionieren. Natürlich wurde auch nach Jahren kein Wort über diese Opa-Schwiegertochter-Vereinigung gesprochen. Drohende Aussprachen wurden von Dimitri und Anke direkt im Keim erstickt. Mit dieser vernebelten Einstellung rannten sie weiterhin, stets unangemeldet, Türen ein. Besaßen

die Mädels die Frechheit und äußerten ihren Unmut darüber, war der nächste Ausraster vorprogrammiert. So ließ man sie lieber rein, sprach das Nötigste und versuchte sie abzuwimmeln.

An einem frühen Samstagmorgen war es soweit. Claudia lag mit Fieber im Bett, Arndt war einkaufen und Anke tourte unaufhaltsam um das Haus. Sie inspizierte jedes Fenster, jede Luke, sie klingelte und klopfte im Wechsel, zerrte und schlug an geschlossenen Jalousien. Dabei kreischte sie wie eine Sirene: „Ich weiß, dass du da bist. Lass mich gefälligst rein, du schlecht erzogenes Balg. Sofort!" *„Blablabla, immer die alte gleiche Leier."* Claudia schleppte sich ans Fenster: „Ich bin krank, lass mich bitte in Ruhe und schrei nicht so. Die Leute denken ja wer weiß was!"

Anke kreischte weiter: „Was denken denn diese Bekloppten? Na? Ist mir doch egal, asozial alle!", Claudia blieb hartnäckig und ignorierte ihre Mutter. Wutentbrannt und psychiatrisch stärkstens auffällig stieg Anke irgendwann in ihr Auto und bretterte Heim. Dort durfte nun ihr fröhliches Gemüt ertragen. *„Ach ja, was soll ich sagen...gegönnt sei es euch!"* Zuhause hielt sie es nicht lange aus, ruhelos dampfte sie mit Dimitri zu Sandra. Irgendeine missratene Tochter musste doch gefälligst morgens öffnen! Aber auch dort stieß sie auf Gegenwehr. Schlaftrunken öffnete Sandra, sie benahm sich nicht wirklich gastfreundlich. Missgestimmt zogen Anke und Dimitri ab und hatten auch Sandra gründlich den Tag verhagelt.

Noch hielten die Mädels dieses Überfallkommando aus, bis es immer schlimmer wurde. Viel schlimmer.

~

Dirk, Zündi 38 und deren neuer Erdenbürger Damian hatten noch immer kein Haus gebaut. Aus Zündi 38 war mittlerweile eine stattliche Zündi 48 geworden. Doch das Leben ging weiter und nun wohnten sie, total pompös, übergangsweise beim heiligen Wohnraumspender Onkel Sülze. Das war mal ganz genau nach Zündis Geschmack. Onkel und Tante sollten sie dazu in die Welt der feinen Pinkel einführen. Die passende Garderobe dazu lieferte ihr die vornehme Tochter Sülze. Immer wenn die Tochter Säcke für den Altkleidercontainer schnürte, stürzte sich Zündi darauf und riss den Inhalt an sich. Hochmütig stellte sie dann die neu errungene, ziemlich in die Modejahre gekommene, Containerware zur Schau. Sie kam sich vor wie ein Supermodel, aber in Wirklichkeit sah sie aus wie Klotten-Emma. *„Jedem das Seine Mädels, jedem das Seine…"* Damit Zündi für ihren neuen Lebenswandel genügend Zeit hatte, hängte sie zudem schnell ihren Beruf an den Nagel. Dieser Job war so oder so nie richtig für sie gewesen. Nein, die Gnädigste strebte nach höheren Zielen, irgendeine Anstellung in der Chefetage schwebte ihr vor. *„Klar, die ganze Welt wartet nur auf dich!"* Ganz und gar talentfrei, mit dem Charme eines Eiswürfels und dem Auftreten eines Räumungspanzers machte sie sich auf den Jobsuche-Weg. Ein langer steiniger, schier endloser Weg. Sehr lang…lang…und endlos. Freunde hatte sie übrigens auch keine.

Wie auch immer, selbst in dieser neuen großzügig geschnittenen Elite-Bude fand sich angeblich kein Platz für Michaela. Wie selbstverständlich wohnte sie weiter bei Claudia, spätestens bis zum tatsächlichen Hausbau, so hieß es. Ihrem neuen Erdenbürger hingegen mangelte es nicht an Platz. Er wuchs verwöhnt, ausschließlich zwischen Erwachsenen auf und entwickelte sich zum absoluten Klugscheißer. Er korrigierte von pummeligen Kindsbeinen an die Erwachsenen. Er erklärte ihnen die Welt. Damian war wirklich zauberhaft.

Oh Wunder, der Hausbau startete doch zügiger als vermutet. Zündi wollte nicht länger in der Wohnung verharren, da die Gebrechen von Onkel und Tante nicht weniger wurden. Auf gar keinen Fall wollte Zündi irgendwelche Hilfsdienste anbieten. *„Das wäre ja auch noch schöner, du Besondere du!"* Also nichts wie weg. Mit weiser Voraussicht auf später folgende Ereignisse, startete der Hausbau komplett unter Zündis Regie und auf ihren Namen. Nicht, dass noch irgendwer jemals auf die Idee käme die Hand aufzuhalten. Zeit für ein gut gemeintes Pläuschchen hatten sie ebenfalls nicht mehr. Dirk brachte es klar auf den Punkt. „Ein Hausbau ist wichtig und erfordert meine ganze Konzentration. Auch habe ich nun meine neue eigene kleine Familie. Die Vergangenheit lasse ich hinter mir, gewöhnt euch daran!" *„Aber natürlich du Wurm, schon passiert!"* Diesen traurigen Satz hörten die Mädels regelmäßig. Dirk zappelte nur noch nach Zündis Pfeife, auch für Hobbies blieb ihm keine Zeit. Er verausgabte sich schwitzend als Chef de Cousine und

Raumpfleger, während Miss Wichtig angeberisch mit Sohnemann Damian durch die Gegend schwirrte. Dennoch, ganz selten kam es vor, dass Dirk den Mädels die Hütte einrannte. Wenn das passierte, dann wollte er rauchen. An solchen Tagen schüttete er kannenweise Kaffee in sich hinein, erzählte fröhlich Anekdoten, lästerte über seine Zündi und inhalierte bis zum Stillstand der Augen. Das war immer schön gemütlich. Doch leider blieb es so wie es immer war, man konnte sich einfach nie auf Dirk verlassen. So dauerte es nicht lange, man stritt und irgendwann verlief der Kontakt wieder im Sande.

15 *Jahre! Michaela hat Geburtstag.*

Auch heute noch, nach fast vier Jahren, wohnt sie bei Claudia. Aber nun kommt endlich der Wendepunkt.

Michaela wurde älter und fing an sich überall die besten Rosinen des Lebens heraus zu picken. Sie tingelte in der Familie umher, und dort, wo es ihr am besten gefiel blieb sie - vorerst. Wer auch immer die beste Laune hatte, oder besonders spendabel erschien, wurde zu ihrem Lieblingsmenschen erkoren. Aber wehe dem, jemand kritisierte ihr Verhalten, machte ihr gar Vorschriften, oder bot kein anständiges Freizeitprogramm, dann war was los. Dieser Mensch war ihr dann ganz einfach zu dumm und sofort reiste sie zum nächsten. Ihr Verhalten war nicht besonders nett und führte dazu, dass Claudia ihr wohl oder übel Vorhaltungen machen musste. Michaela machte dann immer ein sehr langes und ärgerliches Gesicht. Sie stritt dazu alles ab, wehrte sich mit Händen und Füßen. Geschickt wie sie war, brach sie dazu in ein theatralisches tränenreiches Gejammer aus. Neuerdings konnte Michaela auf Knopfdruck Sturzbäche von Krokodilstränen vergießen. Ein gänzlich komischer und neuer

Charakterzug, der sich da unangenehm breit-machte. Der abartige rote Faden in dieser Fami-liengeschichte nahm also weiterhin rasant Fahrt auf. *„Himmelherrgott, ist es denn nie gut?"* Claudia musste mit ihrer Mutter reden, so konnte es nicht weitergehen. „Michaela muss ausziehen!" Anke wurde vor vollendete Tatsachen gestellt und stimmte überraschender Weise zu. *„Wahnsinn!"* Dimitri wurde nicht gefragt, offensichtlich hatte er nichts mehr zu melden. *„Das ging ja schneller als erwartet."* Michaela zog also zu ihrer Mutter. Ab sofort hatte Anke Verstärkung an ihrer Seite. Sie fühlte sich überlegener als jemals zuvor, auch gegenüber dem nichts-zu-sagen-Haber Dimitri. Den beiden ging offenbar der Atem der Liebe aus, von rosa Wolken keine Spur. Einzig und allein die übertriebenen Restaurantbesuche bleiben ihnen. Ansonsten beschimpften und beleidigten sie sich so oft es ging. Egal, worum es sich dreh-te, Recht hatte schlussendlich immer Anke. Und nun, mit Michaela an ihrer Seite, fühlte sie sich gottesgleich. Neuerdings tauchten Mutter und Tochter überall gemeinsam auf und prahlten. Sie hetzten gegen Dimitri, als dieser die Frechheit besaß Regeln aufzustellen. Dimitri wurde für Anke und Michaela unsichtbar. Wenn sie ihn nicht ignorierten, überschütteten sie ihn mit Schlechtigkeiten. *„Das ist jetzt aber auch gemein!"* Wehrte sich Dimitri gegen diese Attacken, so sprach Anke tagelang kein einziges Wort mit ihm. Erst wenn er vor Angst schwitzend mit Blumenbuketts, Feuerwerk zündend und Konfetti werfend angewinselt kam, ließ sich Anke eventuell umstimmen. *„Och Gottchen, Neuigkeiten sind das doch nicht."* An solchen fürchterlichen Stimmungstieftagen klingelte Dimitri gerne bei Sandra an. Am liebsten in der Nacht, wenn das Böse schlief. *"Feigling!"* Diese komischen Telefonate bekamen eine nervige Regelmäßigkeit. Sandra war das schon peinlich, denn sie hatte einen netten adretten Mann kennengelernt. Hubi! Es schien was Ernstes zu sein. *„Ich freue mich so sehr mein Kind!"* Hubi kam aus dem Staunen nicht heraus, als Sandra ihm die Familiengeschichte offenbarte. Er amüsierte sich, so was hatte er ja noch nie gehört. Abschrecken ließ er sich zum Glück nicht, ganz im Gegenteil. Das Allerbeste war, Arndt und Hubi mochten sich. Das war in dieser Familie nicht unbedingt selbstverständlich.

1 x im Jahr passiert das Unvermeidliche.

Dirk lädt zum familiären Adventskaffee-Desaster ein.
Die Mädels sind, wie jedes Jahr, schwer begeistert.
Aber wo ist Jörg?

Zutiefst überschwänglich wurden die Mädels, Arndt, Tim und Hubi an der Haustür von Dirk empfangen. Zündi 48 taute derweilen geschäftig den Tiefkühlkuchen in der Mikrowelle auf. Um sich die Auftauzeit zu versüßen stopfte sie sich unerlässlich Dominosteine in sich hinein und winkte den Mädels freudlos aus der Küche zu.

Michaela, die bereits Stunden zuvor von Dimitri zu Dirk gekarrt wurde, lag vollgefressen auf dem Sofa. Lustlos dämmerte sie bereits im Halbschlaf vor sich hin. Damian, ebenfalls in die Teenie-Jahre gekommen, hockte neben ihr. Er kloppte wortkarg und gänzlich angewidert auf sein brandneues Handy ein. Nach einer kurzen Weile sprang er plötzlich auf und stürmte in sein Zimmer. Dort angekommen, stopfte er Berge von Psycho-Pilzen in sich hinein! *„Ich habe es genau gesehen, ich sehe ALLES!"* Nach dieser nahrhaften Pilzmahlzeit kam er tiefenentspannt zurück und hackte weiterhin rotäugig auf sein Telefon ein.

„*Zustände wie im alten Rom.*" Wenn er nicht tipp-
te, schmiss er zuckend seine tiefschwarz gefärbte
Haarpracht in Form. Dieser Damian war keine
Stimmungskanone, man bekam fast Angst vor
ihm. „*Ganz wie Frau Mama möchte ich meinen.*"
Eine richtig trostlose Runde, selbst die Mädels
hockten angespannt an der festlich gedeckten
Tiefkühltafel. Oberflächliche Gespräche starteten
schleppend. Es war anstrengend, die Mädels ver-
schwanden öfter als zulässig auf die Terrasse um
zu rauchen. Hubi und Arndt blieben lieber im
Haus. Neugierig wie sie waren wollten sie dort
das weitere Geschehen beobachteten. Jedes Mal
wurden die Mädels, von einem in unerträglich
große Not geratenen lechzenden Dirk auf Nikoti-
nentzug, verfolgt. Er riss den Mädels den
Glimmstängel draußen sofort aus der Flosse,
inhalierte sabbernd und gierig in einem einzigen,
glühend heißen Zug. Danach gönnte er sich einen
großzügigen Schluck aus der Mundwasserflasche
und dieselte sich maßlos mit Raumspray ein! So
übelriechend schritt der feine Herr wieder hinein.
„*Also wirklich, Dirk!*" Zündi strafte sein Benehmen mit eisigen Blicken, die nichts Gutes verhie-
ßen. Für Dirk war das ein Zeichen. Nun wurde es
tatsächlich höchste Zeit, sämtliches Hochprozen-

tiges anzupreisen. Er schenkte den Gästen, und besonders sich selbst, überaus großzügig ein. *"Wo ist eigentlich mein Jörg?!"*

„Sag mal Dirk, wo ist eigentlich unser Bruder?" Diese Frage warf Sandra nichtsahnend in die Tiefkühlgebäckrunde. Augenblicklich begann Dirks Halsschlagader ungesund zu pulsieren, dann pampte er sozialpädagogisch mit tiefer sonorer Stimme: „Du, mit Jörg habe ich keine Verträge mehr, der alte Erbschleicher. *„Erbschleicher??? Du sprichst wohl von dir!"* Jahrelang hat er sich kaum bei Onkel Sülze und Tante Tranqui blicken lassen, aber jetzt wo wir ausgezogen sind und die beiden nicht mehr fit sind, da taucht er dort plötzlich auf und bietet seine Hilfe an. Ich habe das über Wochen beobachtet. *„Wo gibt es denn so was, Hilfe anbieten, tzzz."* Der will doch nur Antiquitäten und Kohle abstauben. So einen Typen brauche ich nicht an einem heiligen Sonntag. *„Du bist doch hier der größte Heilige."* Ich bin auch sofort zu Onkel und Tante gefahren, habe von meinen Observierungen berichtet und ausdrücklich vor Jörg gewarnt. *„Was hast du gemacht?!"* Aber die beiden haben mich nur angestarrt und nicht viel dazu gesagt. Die alten Säcke sind doch auch beschränkt, die können mich alle mal!" Die Mädels saßen wie vom Donner gerührt auf ihren Plätzen und planten mit Gesten den baldigen Abflug. Lieber wollten sie gemütlich bei Claudia und Arndt den Abend ausklingen lassen. Dazu kam, dass sie der Angelegenheit watsonmäßig auf den Grund gehen wollten, die redselige Tante Tranqui musste telefonisch interviewt werden. Diese Jörg-Geschichte konnten sie überhaupt nicht glauben.

Bei Claudia und Arndt angekommen, griffen die Mädels direkt zum Hörer. Sie hatten Glück, Tante Tranqui war sofort am Rohr. Sie freute sich, klapperte aufgeregt mit den Zähnen, schnalzte lautstark mit der Zunge und plauderte los: „Kinder, ich hätte mich ja auch gemeldet. Hier war wieder was los, Dirk stand vor der Tür und bebte vor Hass. Er hatte sich auf die Lauer gelegt und beobachtet, wie sein Bruder Jörg hin und wieder zu Besuch kam, nun wollte er uns vor seinem gierigen Bruder warnen. In Acht sollten wir uns alle nehmen und er müsse diese Botschaft unbedingt verkünden. Kinder, was ist denn nur mit dem Mann los?"

„Ach Tante Tranqui, so ist der Dirk und so war er immer, aber es fällt immer stärker auf. Und, hast du mal mit Jörg darüber gesprochen?"

„Ja sicher Kinder, der hat nur abgewunken. Eifersüchtig und gierig wäre Dirk schon immer gewesen, nichts Neues wäre das. Aber diese Zündi würde alles noch schlimmer machen!" Die Tante und die Mädels waren sich jedenfalls einig, sie glaubten Dirk kein einziges Wort.

Noch während sich die Mädels telefonisch von der Tante verabschiedeten, spielte sich bei Dirk und Zündi eine ganz andere wunderliche Tragödie ab. Denn, nachdem sich die Kaffeegäste verabschiedet hatten, verabschiedete sich bei Damian umgehend jegliche Contenance. Als wäre der Leibhaftige höchstpersönlich in ihn gefahren, sprang er auf und drohte mit erhobenen Fäusten Schläge an. Er beschimpfte seine komischen Eltern, die er nach eigenen Aussagen nicht für voll nehmen konnte, riss dabei den modernen Fernseher von der Wand und knallte wie eine Abrissbirne durchs Haus. Er walzte den riesigen Weihnachtsbaum nieder, trat die Terrassentür ein und zermalmte die komplette Außenbeleuchtung. Dann verschwand er lässig pfeifend in der Dunkelheit. *Was war denn das?"* Zündi und Dirk bestaunten die Schneise der Verwüstung, dann suhlten sie sich in Selbstmitleid. „Warum, warum nur immer wir? Was ist los mit der Welt und

unserem geliebten Alleinerben? Wir machen doch immer alles richtig. Bestimmt war der Besuch einfach zu schlicht für unseren genialen Damian und das hat ihn aufgeregt!" *„Natürlich, das ist es!"*
Warum Dirk dann noch überflüssiger Weise die Nummer seiner Tochter Claudia wählte, und was dieser Anruf zu bedeuten hatte, blieb ungeklärt. Ratschläge wollte er jedenfalls keine! „So schlimm ist es ja nun auch wieder nicht, so was ist in der Pubertät total normal. Der Junge war eben heute einfach unterfordert von unseren Gästen!" Er faselte und faselte, Claudia legte mittendrin einfach auf. Diese Sülzerei war unerträglich, zum Verrücktwerden. Lieber wollten die Mädels den Sekt entkorken! *„Prost Mädels, ihr habt es so sehr verdient."*

5 Zentner pralle Weiblichkeit.

Kasimir stellt seine Angebetete auf der Hochzeit vor. Mächtig, kräftig, stark! Dann wird es ganz still an der Hochzeitstafel…

Nach einigen Jahren des Zusammenlebens, entschlossen sich Hubi und Sandra zu heiraten. *„Mein Kind, nun ist es soweit!"* Nichts Pompöses sollte es werden, sondern, sofern in dieser Familie möglich, ein gemütliches Beisammensein. Dimitri überschlug sich übertrieben vor Glück. Er und Anke wollten sogleich sämtliche Abläufe planen, aber das erstickte Sandra im Keim. Die beiden durften zur Feier kommen, aber das war es dann auch scho. Das galt übrigens auch für den Rest der Bagage. Alle durften kommen, sollten sich aber vernünftig benehmen. Hier ging es ausschließlich um Sandra und Hubis großen Tag.

Die Sonne schien am Hochzeitstag und gut gelaunte Gäste fanden sich vor dem Standesamt ein. Nach der Zeremonie ging es direkt durch den Schlosspark zum edlen Hotel, wo fürstlich gespeist werden sollte. *„Noch ist alles im grünen Be-*

reich, noch..." Die Gäste nahmen Platz und Hubis zackige Tante schwang gerade eine spritzige Rede, als drei Gestalten mit Verspätung in den Saal wankten. Die Gäste verstummten und begafften die Eindringlinge.

Ein fünf Zentner und 180cm großes Weibchen stand zusammen mit Kasimir und einer unübersehbar mit Alkohol zugeknallten Sabine im Saal. Kasimir trug, ganz Gentleman, zuerst seine Mutter zu Tisch. Dort, mehr liegend als sitzend lallte Sabine los: „Wo bleibt der Schampus let's Partyyyy!" Die Gäste blickten schockiert und stumm, Jörg kochte vor Wut und schämte sich. Seine Ex-Sabine sah wirklich filmreif aus. Scheckiges, gelborange blondiertes Haar mit einer akkuraten Liegeglatze versehen. Dazu trug sie einen ollen schwarzen Fetzen, der wohl schick aussehen sollte. Zum krönenden Abschluss zierten Badelatschen, die ihre extrem langen Fußnägel perfekt zur Geltung brachten, ihre verhornten Füße. Es war eine Farce. *„Kasimir! Wie schrecklich!"* Es ging noch besser, denn inzwischen versuchte Kasimirs Vollweib unbemerkt Platz zu nehmen. Es gelang ihr nur bedingt, denn sofort zerbröselte das Sitzmöbel unter ihrer Schwerlast zu Staub. Die Gäste rangen um Fassung, die inzwischen servierte Hochzeitssuppe wurde kalt. Sabine, völlig mit sich im Reinen, rauchte beidhändig am Tisch und kreierte sich ihren ganz persönlichen Ballermann. Unauffällig, *„unauffällig?"* begab sich die Rubensfrau auf die Suche nach einem neuen stabilen Sitzmöbel. Sie fand es und nur einen Wimperschlag später stampfte sie, mit einer Selbstverständlichkeit und einem Kaminzimmer-Sofa unter dem Arm, zurück zur Festtagsgesellschaft. Kommentarlos nahm sie darauf Platz und ließ sich genussvoll schlürfend die kalte Suppe schmecken, während Kasimir ihr anerkennend den massigen „Rubens-Nacken" walkte. Jörg atmete mittlerweile in eine Tüte, ihm ging es gar nicht gut. Sandra und Claudia warfen sich empörte Blicke zu, während Hubi und Arndt gespannt, wie auch der Rest der Gesellschaft, auf die skurrile Fortsetzung warteten.

Aber was war los? Erst verhaltend, dann immer stürmischer fingen die Gäste plötzlich an zu applaudieren! Sie hielten doch tatsächlich Kasimir und seine Frauen für eine Showeinlage. Als die flambierten Crepes serviert wurden, stand auch Sabine, die schlafend an einem Kerzenleuchter lehnte, plötzlich in Flammen. *„Allmächtiger!"* Geistesgegenwärtig sprangen ihr Damian und

Zündi zu Hilfe und löschten sie blitzschnell, nicht ohne Schadenfreude, mit einem Tischlaken. Nun wurde es der Zentnerfrau zu bunt, sie griff nach Sabine, warf sie sich über die Schulter und trug sie, begleitet von Applaus und Standing Ovations zum Auto. *„Na dann mal gute Nacht!"* Die Mädels verabredeten sich fassungslos auf dem Damen WC. Auf dem Weg dorthin fingen sie Kasimir ab. „Sag mal, hast du sie noch alle?! Warum schleppst du deine extrem breite Mutter mit? Du versaust mir ALLES!"

„Hö? Wie, war doch lustig und außerdem war das so auch nicht geplant. Sie lag schon im Auto und wir haben sie erst bemerkt, als wir hier ankamen. Was hätten wir denn tun sollen!"

„Unglaublich ist das doch. Seht mal zu, dass ihr ganz schnell Land gewinnt, bevor die Schnapsdrossel wieder zu sich kommt. Wir sehen uns dann ein anderes Mal." Auf dem Weg von der Toilette zurück in den Saal war erneut tosender Beifall zu hören. Michaela passte es wohl nicht, nicht im Mittelpunkt zu stehen und daher nutzte sie die Abwesenheit der Mädels um sich von ihrem neuen Freund, den Freizeit-Prediger Malte, die Hand anhalten zu lassen. Der Prediger stürzte ans Mikrophon. „Hören sie hier und hören sie da. Nächste Fahrt direkt in den Ehehafen und in den siebten Himmel. Alle mit dabei sein, Michaela auch du!?" Und wie Michaela wollte…

„Alter Falter, lass mich bitte in einem Erdloch versinken, spinnen die total? Gerade mal zwanzig Jahre und nen Keks, naiv ohne Ende und jetzt so was!" Sandra flippte aus, aber da kam auch schon Claudia herbeigeeilt um sie zu beruhigen.

Als sich die Gäste verabschiedeten und einige das spektakuläre, ungewöhnliche und „sexofräne" Comedy-Programm lobten, wurden sie gerne in dem Glauben gelassen.

~

Im Gegensatz zu Sandra musste bei Michaela pompös und überkandidelt geheiratet werden. Egal wie, Hauptsache einen auf dicke Hose machen. Kutsche, Königsgewänder, Pyrotechnik, Lasershow und Fahrgeschäfte waren geplant. Und natürlich würde dieses alles Anke bezahlen, wenn:

1. Säuferin Sabine, Jörg, Kasimir, Zentnerbraut und Ankes sämtliche Geschwister nicht eingeladen werden,

2. Anke den Dress-Code festlegen kann,

3. Ankes Musikwünsche gespielt werden,

4. Ankes Lieblingsessen serviert wird,

5. und wenn Anke DIES und wenn Anke DAS

6. *„Amen!"*

Michaela stimmte kichernd zu und freute sich über ihre spendable und gutherzige Mutter. *„Michaela, Kohle gleich gutherzig!?"* Als sie euphorisch Claudia von dieser Gipsy-Kirmes-Hochzeit berichtete, verdrehte diese zutiefst verachtend die Augen.

„Das ist doch jetzt nicht dein Ernst? Das hast du jawohl sofort alles abgelehnt oder?"

„Warum sollte ich das wohl machen?"

„Das fragst du mich nicht wirklich oder? Hast du eigentlich überhaupt keinen Stolz?!"

„Ach, bist du neidisch? Bleib mal locker, hättest du ja auch haben können, aber dir sind ja andere Dinge wichtiger!"

„Ganz genau, vollkommen richtig. Und neidisch, auf wen oder was bitte?"

Genervt räumte Claudia das Feld. Sie bemerkte mal wieder, wie unterschiedlich Geschwister doch ticken. Es war zwecklos.

Nun kam auch bei Michaela und Malte der große Tag. Es wurde genauso gefeiert, wie Anke es angeordnet hatte. Einzige Ausnahme, Malte klebte wie von Sinnen, fast durchgehend am Mikro. Er machte eine Durchsage nach der nächsten, beweihräucherte sich und sein sagenhaftes Leben. Wäre es möglich gewesen, so hätte er sich höchst persönlich das Bundesverdienstkreuz verliehen!

„Nächster Schnaps, nächster Pegel, nächstes Glück. Alle zugreifen, fahren sie mit uns ins Ehe-glück...glück...glück....glück!"

Claudia rastete innerlich aus: „Mit meiner Toleranz ist es vorbei! Dieser Typ ist doch nicht zum Aushalten. So ein Selbstdarsteller fehlte noch in dieser Familie!" *„Wem sagst du das!"*

4 *Mülltonnen glänzen im Mondschein.*

Während Michaela und der Prediger die Nacht zum Tage machen, sortiert und kontrolliert ein wütender Dimitri akribisch den Müll. „Wäre schmeiße de Mülle fakärt, äh?"

Nachdem Anke, egal wo sie bisher zur Miete wohnten, sämtliche Nachbarn und Mitmieter terrorisierte, schlug Michaela, die ähnlich tickte, ihrer Mutter vor, doch zusammen ein Haus zu beziehen. *„Das darf doch jetzt nicht wahr sein!"* Anke, Michaela und Malte besiegelten dieses Vorhaben. Es dauerte nicht lange, da wurde ein schönes Haus gefunden. Dimitri erfuhr erst davon, als der Möbelwagen auf den Hof fuhr. *„Oh man"*
Ankes Geschwister, die nicht zur Hochzeit geladen waren, durften dafür heute schwitzend die Umzugsberge schleppen. *„Eine wahre Herausforderung!"* Anke hatte alles in hotelüblichen Mengen und Ausführungen. Sogar ein Reisbeutel-Depot wurde im Keller ausgehoben. Machte man Anke auf diese krankhaft wirkende Horterei aufmerksam, hieß es nur „Einpacken und Schnauze!" Sogar die Mädels halfen mit und verpackten Un-

mengen von Gläsern und Geschirr. Es nahm kein Ende. Als es endlich nach Stunden geschafft war, gönnten sie sich eine Pause, da machte Anke Terror. „Bewegung! Was wird das hier? Habt ihr nichts zu tun? Nicht doof rumstehen, bewegt eure fetten Hintern!" Claudia und Sandra fehlten die Worte. Da waren sie freundlich und wieder über ihren Schatten gesprungen, weil es ja immerhin noch irgendwie die Eltern waren, und nun dieses Elend. Doch so nicht, die beiden rührten keinen Finger mehr, sie reisten ab.

Für Malte und Michaela konnte es nicht besser laufen. Anke, bald im Ruhestand, wäre dann die perfekte Babysitterin. Gesagt und wieder getan, der Matratzensport begann. Es dauerte gar nicht lange und sie bekamen in Windeseile Nachwuchs. Das eine Kind war gerade geboren, da war auch schon das andere unterwegs und so weiter. Und da Dimitri und Anke gar keine Gemeinsamkeiten mehr hatten, stürzten sie sich wie die Geier auf die Erdenbürger. Schleichend wurde daraus ein Dauerzustand. Michaelas egoistischer Plan ging zu ihrer großen Zufriedenheit vollends auf. Währenddessen feierten Malte und Michaela sämtliche Feste der Region, ganz gleich wie und wo sie fielen. Besaßen Anke und der Grieche die Frechheit einmal keine Zeit zu haben, war der Teufel los. Michaela tobte an solchen Tagen heulend durchs Haus, knallte Fenster und Türen. Selbst Malte, schon peinlich berührt, *...und das will was heißen!"* konnte seine Braut nicht bremsen. Er hasste solche Augenblicke und verdünnisierte sich dann gerne. Denn, als selbsternannter Entertainer wollte er nur gute Laune um sich haben. Lieber wanderte er in Warenhäusern herum, besuchte Jahrmärkte oder hockte bei Arndt und Claudia, in der Hoffnung eine warme Mahlzeit serviert zu bekommen. Zuhause blieb nämlich immer öfter der Ofen aus. Michaela wollte doch kein dummes Hausmütterchen werden! Stattdessen ging sie lieber mit Freundinnen frühstücken, shoppen oder juckelte einfach nur sinnlos durch die Gegend. *„Also wirklich die besten Voraussetzungen für Kinder und eine glückliche Familie!"* Dieses Trauerspiel konnte Anke nicht so gut ertragen *„wie kommt`s Anke, ist doch genau nach deiner Fasson."* und schmiss sofort sämtliche Pläne um, um jederzeit für ihre Tochter und die Kinder parat zu stehen. In solchen Momenten wurde ein breites Grinsen auf Michaelas Gesicht gezaubert. *„Dein Wille geschehe."*

Damit Michaelas Lächeln bezaubernd blieb präsentierte Malte, selbst immer auf der Suche nach dem nächsten Angeber-Projekt, mindestens einmal in der Woche eine neue, finanzierte, Errungenschaft. Sei es ein neues Möbelstück, TV Equipment oder ein neues Auto. Hier waren sich Michaela und er, der große Zampano wieder einig. Party! *„Was kostet mal wieder die Welt?"* Gab es keine Finanzierungsangebote, so gab es immer noch den Griechen. *„Dimitri, dich gibt es auch noch? Mensch."* Dimitri, dem sonst so überhaupt keine Beachtung mehr geschenkt wurde, ließ sich gerne bezirzen. Schließlich musste man doch sein Erbe verpulvern! *„Ganz feine Charakterzüge sind das!"*

~

„Wäre schmeiße de Mülle fakärt, äh?" Lautstark motzte Dimitri vor sich hin, als er die vollgekackten Windeln aus der Mülltonne fischte, alles neu sortierte und danach mit kochendem Wasser sämtliche Tonnen schrubbte. Es war fast Mitternacht als Dimitri stolz auf sein Meisterwerk blickte. Die Behältnisse glänzten vor Sauberkeit und Eleganz im Mondschein. Diesen Glanz feierte er mit einem Schlückchen vielsternigen griechischen Schnaps und einem Telefonanruf bei seiner bereits tief und fest schlafenden Tochter.

„Mitternacht, sehr gute Telefonzeit!" Schlaftrunken und leicht nervös strauchelte Sandra ans Telefon.

„Hallo?"

„Äh, de Mülle, alle Drecke, kümmert nixe Kinders, nur Diskos und amüsier, immer kaufe de Malte auf Pumpe. Äh, iche gäbe de Zaster, keine spreche mit mirs, Anke böses Blutt in de Aders, Micaela faul, immer Nägels und Schminka, stinkte wie de Pest de Hause, wohnte noch armes Tiers inne Flur. Stinke alles, Malte ganze grosse Spinners, nur saufen, klaut und immer Mäk Bürgers, nur penne in de Bette, Komplott mit de Anke, Läben isse Katastroph!

Ich jetzt wille wohn bei euchs. Holste mich jetze und de Koffers?!?

-PAUSE-

Sandra hellwach.

„Sag mal, so was willst du mir jetzt mitten in der Nacht erzählen? Du machst mich fertig! Das alles ist doch nichts Neues! Ich glaube ich spinne. Erzähl doch mal schöne Dinge und ruf zu normalen Zeiten an! Und deinen Auszug kannst du mit deiner Chaos-WG besprechen. Wir haben kein Zimmer frei, tut mir leid…"

Plötzlich hörte Sandra im Hintergrund am anderen Ende der Leitung eine schimpfende Anke und ratzfatz legte Dimitri schwungvoll auf. Am anderen Ende ließ er seine aufgewühlte Tochter zurück.

Der nächste Tag verlief für Dimitri erschreckend normal. Er widmete sich seinen alltäglichen selbst auferlegten Aufgaben. Er klopfte hingebungsvoll die Kaffeemaschine trocken, verrichtete scharfsinnige Müllkontrollen, schmierte Brote für die Kinder, lüftete bis zur Erschöpfung, versorgte „armes Tier" und wusch Wäsche, egal von wem und alles im Kochmodus. Das nächtliche Telefonat blendete er geflissentlich aus, daher entschied sich Sandra bei ihrem Vater anzurufen, um die Lage zu checken.

„Na Vatter, was war das denn gestern wieder? Alles okay bei euch, oder hat Anke wieder Stress gemacht. Ziehst du jetzt aus?"

„Wasse ausziehe? Hahaha, äh bisse lustiges Spasswogel meine Kind! Musse niche mache Drama, alle supa! Kinder habe Toste schmiert, de Mülle glänze und Tiers hattes Napf pikobello!

Und de Anke und de Micaela ganze schöne Frau-
es, alles inne Ortung. Widderhöre!

Dann legte Dimitri auf.

3 *Urlaube im Jahr sind Pflicht.*

Anke bucht und bucht und Dimitri wird selbstverständlich nicht gefragt! Die Vorfreude ist dennoch groß, allerdings nicht bei allen.

Endlich angekommen, da inspizierte Anke auch schon schwitzend die Urlaubskemenate. Keine Ecke blieb ungeprüft. Dimitri flüchtete daher lieber gleich auf den Balkon und sandte Stoßgebete zum Himmel. *„Nutzt dir gar nichts!"* Der weitere Ablauf war vorhersehbar. Anke zitierte ihren Mann zu sich. Mit ihm im Schlepptau, wollte sie sich sofort bei der Rezeption über dieses Höllenzimmer beschweren. Dimitri wimmerte: „Verehrtestes, biete könne diplomatie sein. De Putzkolonie in diese Ausland bestimme grosse Stress, isse Andereise heut!"

„Ich gebe dir gleich Andereise. Mitkommen!" Anke eilte voran, Dimitri dackelte blass hinterher, dann baute sie sich vor der kleinen Rezeptionistin auf.

„So ein Drecksladen, sofort wollen wir ein neues Zimmer. Überall ist Siff und Schmodder! So nicht, ich melde sonst alles und zwar überall, wollt ihr uns für dumm verkaufen? Dimitri mach auch du mal dein „Esszimmer" auf! D I M I T R I ?!?" Der Grieche hatte sich abgesetzt. Er flanierte undercover in der Hotelhalle umher und knüpfte Kontakte zu den anderen, am liebsten weiblichen, Gästen. *„Ist es wieder soweit mein Lieber?!* Abrupt wurde er aus seinen anregenden Gesprächen gerissen, als Ankes Hall durch die Hotelanlage krächzte. *„Mikrophondurchsagen sind scheinbar schwer im Kommen..."* „PIEP - du elender Wurm, du weißt schon wer hier ist! Beweg deinen griechischen Ar... zur Rezeption und belästige die Leute nicht, die verstehen dich eh nicht!" Dimitri schnellte herbei und wenig später bezogen sie ein komplett identisch sauberes Hotelzimmer. Anke war zufrieden, so hatte sie doch wieder allen gezeigt, wo der Hammer hing. Leider hielt ihr Stimmungshoch nicht lange vor. Nach dem Duschen ging es schnurstracks in den Fresstempel des Hotels. Dort erwartete die Gäste ein bestimmt dreißig Meter langes Buffet mit sämtlichen Köstlichkeiten des Landes. *„Mir läuft das Wasser im Mund zusammen."* Während Dimitri Tischnachbarn und Kellner freundlich begrüßte, stürmte Anke das Buffet und probierte frech an Ort und Stelle das angebotene Sortiment. Ihr Urteil fiel vernichtend aus, Stiftung-Anke-Test:

mangelhaft! Lediglich der Reis und eine seltsame Fleischsauce waren für sie genießbar. Die abschätzigen Blicke der anderen Hotelgäste ignorierte Anke, als sie den kompletten heißen Fleischbrei-Kocher, samt Warmhaltevorrichtung und einen monströsen Reiskochautomaten auf den Servierwagen hievte. Flott rollte sie quer durch den Tempel zu Dimitri. Dort schaufelte sie ihm sogleich den Teller mit Bergen von Reis und Sauce voll. „Brauchst gar nicht so zu glotzen, ich sehe das! Hier schmeckt nichts, nur der Reis und die Sauce sind genießbar. Also iss und laber mich nicht voll!" *„Bist du bereits entmündigt?"* Dimitri aß und aß, aber sobald sich seine zugeteilte Portion auch nur im Ansatz reduzierte, wurde nachgelegt. Als dann noch der Kellner großzügig die Getränke auffüllte war es um den Griechen geschehen. Sämtliche Körperfunktionen schienen ihm den Dienst zu quittierten. Unkontrolliert rülpsend würgte er sich den Fraß hinunter, dann zerriss es ihn. Mit einem gewaltigen Furz verabschiedete er sich an diesem Abend.

Am nächsten Tag ging es gut gelaunt *„seid ihr eigentlich geisteskrank?"* zum Frühstück. Dimitri durfte sich ganz alleine eine Brotmahlzeit aussuchen! *„Hurra!"* Danach auf zum Pool, wo sich schlimme Dinge ereigneten.

Anke wuchtete sich auf eine von Dimitri bereits im Morgengrauen reservierte Liege. Der Grieche stieß wenige Minuten später, schwerbeladen mit einer Sackkarre voller Kaltgetränken, Snacks und Sonnencreme dazu, um ein übereifriges Sonnencremespektakel zu starten. Wie weggetreten salbte und balsamierte er Anke ein. „…meine Schönst, haste ganze massive Körpers, habe viel Volumens for de Love." Anke schnaufte zufrieden und diverse Hotelgäste wendeten sich schockiert ab. *„Kein Mensch hält das aus! KEINER!"*

Am Abend wiederholte sich die Reismahlzeit. Mit einem Unterschied, Dimitri konnte Anke im Anschluss zu einem Verdauungs- und Entlüftungsspaziergang überreden. Los ging es in das nächste romantische Städtchen. Dummerweise kamen sie vom Weg ab und irrten eine Weile orientierungslos durch die Pampa. Der Weg und die Gesichter wurden länger und länger…

~

Während Herr und Frau Dimitri weiterhin ihren harmonischen Urlaub genossen, war Michaela Zuhause einem Nervenzusammenbruch nahe. Sie musste doch tatsächlich zwei lange Wochen ihre Wunschkinder betreuen und sich um den Haushalt kümmern! Für Michaela undenkbar! Heulend lief sie, ihr Leid sämtlichen Leuten am Telefon klagend, durchs Haus. Sobald der ahnungslose Malte aber den Haustürschlüssel im Schloss umdrehte, versiegten ihre Tränen. Mit den Worten „fahrt irgendwo Essen, ich bin erst einmal in der Sauna, danach Essen und Kino, wird spät, Ciao" wurden ihm die Kinder in den Arm gedrückt. Aber da kannte sie den Prediger schlecht, auch er hatte keine Lust auf Familienkram. Flux organisierte er sich Nanny, Putzfrau und Köchin, er führte sich auf wie der letzte Fürst. Leider ahnten die Dienstleisterdamen nicht, dass sie niemals auch nur einen einzigen Cent vom Prediger sehen würden. Zweimal rückte die Kolonne an, dann sah man sie nie wieder. Schließlich kamen Dimitri und Anke zurück, Malte hatte alles durchdacht.

„Ein schönes Vorbild bist du!" Michaela und Maltes Laune feierte nun wieder Hochsaison. In dieser Hochstimmung wurden sogar die Mädels offiziell zum Kaffee eingeladen. Die beiden wollten ihr neues finanziertes Sideboard anpreisen und über Dimitri und Anke, die sich erdreisteten zu verreisen, lästern! *„Ich staune, schon wieder ein Sinneswandel?"*

Die Mädels trudelten ein und sofort sprudelte es aus Michaela heraus: „Vierzehn Tage hatte ich jetzt die Kinder, ich bin am Ende. Anke und Dimitri vergnügen sich im Urlaub und du, Claudia, hattest auch nie Zeit. So geht das nicht! Es kann nicht sein, dass ich nicht ausschlafen kann, dazu auf meine Wellnessanwendungen und Shoppingerlebnisse verzichten muss. Malte will auch immer los, zum täglichen Stammtisch. Dann gibt es wieder Streit und das alles nur wegen euch! Es nervt mich, ihr seid so egoistisch und voll langweilig! *„Ist irgendwo ein Arzt anwesend?!"* Dieses Gespräch laugt mich übrigens aus. Ich muss mich hinlegen, ihr könnt die Kinder einfach hochschicken. Nacht!"

„Nacht, um 17:00Uhr?"

Auf der Hofeinfahrt wurden die Mädels direkt vom urlaubsgebräunten und etwas rundlich gewordenen Griechen abgefangen, der sofort sein Plädoyer vortrug. „Äh, de Sosse unde furchtbar Reis, musse kotz, Wetter bravo, Zimmers de Mama widder finde Haar inne Becken, sofort Terror, motze durch de Hostel, schäme, aber nettes Kellners. De Kinders immers bei uns, Micaela penne wie verruckt, und Micaelas Manne isse kriminelle, katastrophal. Lotterläbens!"
„Vatter, und sonst, irgendwelche Neuigkeiten?!"
„Nene, gut, gut Kinders!"

Und Abflug. „Du Claudia, ich will das nicht mehr. Das ist doch keine Familie. Hör und guck dir die mal richtig an. Das ist nicht normal, überhaupt nicht. Das hält auch kein normaler Mensch aus. Wir müssen Abstand halten, sonst zieht uns das runter. Wer weiß, warum du immer Herzrasen hast und mir ging es auch schon besser!
„Ein sehr guter Ratschlag und die einzige Lösung für euch!"

100 *Buffetplatten verstecken sich im Keller!*

Kasimir hat Geburtstag. Dieses Ereignis muss mit der ganzen Familie gefeiert werden. Turbulenzen sind zu erwarten…

Die Party konnte steigen. Die Mädels halfen, Zelte und Tische wurden aufgebaut und geschmückt, es konnte jeden Moment losgehen.
„Und wie das losgeht…"
Sabine fungierte als Vortrinkerin, um die Qualität der Spirituosen auf Herz und Nieren zu prüfen. Die kalten Buffetplatten hatte sie bereits am Vormittag, als sie noch halbwegs die Sinne beisammenhatte, sicher im Kühlkeller eingeschlossen. Alles prima, alles schön.
Die ersten Gäste waren Zündi plus Dirk, in den Händen trug sie eine winzige Schale Tzatziki. Die beiden Lästermäuler mussten natürlich die Ersten am Platz sein, damit ihnen auch ja nichts entging! Nach und nach kamen Freunde und Bekannte. Die Mädels waren gespannt, was der Abend wohl so bringen würde. Reibungslose Abläufe gab es in der Familie nicht und reibungslos war hier so oder so ein Fremdwort. Die beiden

214

stellten sich ihren Dämonen, indem Claudia ihren Vater begrüßte.

„Hallo Papa, na alles wieder okay bei euch und Damian? Geht er jetzt zur Suchtberatung, wegen den Drogen, man war das unheimlich!"

„Wie bitte? Welche Drogen? Warum sollte er zur Suchtberatung? Spinnst du?"

Da quäkte Zündi von der Seite. „Drogen? Wer nimmt Drogen? Ihr doch! Diese Lügerei! Du und Sandra seid so dumm, ihr seid neidisch auf uns, ganz speziell auf mich und meinen Werdegang!"

„Zündi also wirklich, bist du gestresst? Arbeitest du nach Jahrzehnten tatsächlich wieder? *„Wow!"* Da hatte Claudia was gesagt. Japsend, die Augen derbe verdreht und aufgerissen, äugte sie die Mädels an. Sandra brachte das Fass zum Überlaufen. „Zündi, für wen ist eigentlich das Schälchen Quark? Bist du endlich auf Diät?!"

Die Welle des Zorns war gewaltig, Zündi kochte.

„Bei uns wird jedenfalls nicht fettig gekocht! *Das sieht man Zündi, das sieht man!"* Und meine wunderschöne, schlaue Familie geht euch gar nichts an. Drogen, Diät pah! Ich glaube es geht los. Ihr seid dumm wie Brote. Dirk und ich wollen nichts mehr mit euch zu tun haben, ab heute ist Schicht im Schacht!"

„Akzeptiert!" Die Mädels winkten zum Abschied, ihnen fiel ein Stein vom Herzen. Endlich wurde ihnen diese Last genommen. Dieses Kapitel wurde heute Abend geschlossen. *„Gott sei's gelobt!"*

Am Abend stellte sich bei den Gästen ein leichtes Hungergefühl ein. Aber wo war das Essen? Bei Kasimir brach Panik aus, er konnte die Platten nirgends finden, der Keller war verschlossen. Leider konnte seine Mutter diese Frage ebenfalls nicht beantworten. Auf wiederholte Ansprache riss sie lediglich die Augen auf, drückte ihre Kippe auf dem Tisch aus und fiel in einen tiefen Dornröschenschlaf. *„Vielleicht küsst dich ja der verschollene Wurstmetzger wach?"* Claudia und Sandra hatten Mitleid, sie trugen Sabine ins Bett, dann riefen sie Jörg an.

„Jörg, hier ist was los! Ganz traurig! Deine Ex ist überaus desolat, sie hat das Essen im Keller versteckt, der Schlüssel ist auch nicht auffindbar!"

„Mädels, ich komme schnell vorbei, ich habe noch einen Ersatzschlüssel. Macht euch keinen Kopf, der Sabine ist nicht mehr zu helfen, wir haben alles versucht."

Eine kurze Weile später machte sich Erleichterung breit. Dirk und Frau suchten endlich das Weite und die Buffetplatten wurden befreit. Die

Party war, so schien es, gerettet. Dieser positive Eindruck wurde zerstört als Michaela antrabte - alleine! Gefragt nach dem Freizeit-Prediger brach sie wie auf Kommando in wimmerndes Geheule aus. „Das Thema hat sich erledigt, wir haben uns soeben getrennt! Er holt gleich noch seine Sachen ab, das war es dann. Ich wollte nur schnell hier was essen, denn ich bin gleich mit Freundinnen verabredet und wir gehen auf den Jahrmarkt."

„Was machst du gleich? Michaela, du meine Güte, wie schrecklich. Was ist denn genau passiert und was ist mit den Kindern?"

„Ach was, so schrecklich ist das nun auch nicht, ist doch alles easy. Die Kinder bleiben bei Dimitri und Anke, solange bis ich wieder glücklich bin und einen neuen Mann gefunden habe. Jetzt muss ich aber los!" *„Ich bin gerade ziemlich fassungslos."*

In dieser Familie wurde es immer verrückter, auch wenn es überhaupt nicht mehr witzig war, die Mädels mussten lachen!

5 *Bananen, zwei Palmen plus einen großen Schin-ken. „Und ich lege noch einen Verlobungsring oben drauf, für dich schöne junge, noch unbekannte, Lady. Heirate mich!"*

„So jetzt reicht es! Ich werde wahnsinnig in meiner Holzbutze." Michaela war gänzlich begeistert von diesem komischen Kirmes-Schürzenjäger. Wie selbstverständlich tauschte sie Mann A gegen Mann B. Da gab es nichts zu besprechen, oder gar in Frage zu stellen. Versuchte man es doch, gab es Stress. Harry wurde zu Malte, mit allem Zipp und Zapp!

Hin und weg stellte sie den Mädels ihren neuen Lebensabschnittspartner, den Jahrmarkt-Harry vor. Stolz wurden dazu Verlobungsringe in die Runde gehalten, die Mädels schnappten über. „Nach drei Tagen? Wir bitten euch…!"

Michaela verstand die Einwände nicht. „Was ihr immer habt, wenn ihr Garantien wollt, kauft euch einen Toaster. Wir lieben uns! *„Lieben?!"* Ihr seid eh nur neidisch und kluckt rum. Freut euch doch einfach. Bald sind wir eine noch größere, tollere Familie. Schön ist das!" Auch Harry konnte sich nicht mehr beherrschen und zeigte, was verbal in ihm steckte. „Alles ist so wunderschön. Morgen ziehe ich schon ein. Ich habe drei fast erwachsene Kinder, allesamt wie ich Kettenraucher und vier Katzen! Zusammen haben wir ein warmes lebhaftes Nest der Liebe. Auch meine baldige Schwiegermutter ist schwer begeistert von mir. Sie ist überglücklich, dass ihre Michaela wieder lachen kann und einen Traummann „*Traumtänzer!*" wie mich gefunden hat. Auch ihr werdet mich vergöttern. Ich bin so toll, es ist wirklich so, ich kann es manchmal selber kaum fassen. Man, bin ich toll. „*Lachhaft!*" Dieser Hans Wurst redete sich um Kopf und Kragen. Michaela hing an seinen Lippen, sie bestaunte jedes schmalzige Wort.

Da war er wieder, dieser feuerrote dickfällige Familienfaden.

4 Telefonate des Schreckens.

Eine Lawine der Ungerechtigkeit und des Zorns gerät ins Rollen. Dieses Mal geht es sogar um mich. *"Juchheirassa..."*

Nächster Totensonntag, nächstes Blumengesteck. Heute, wie auch all die Jahre zuvor, kamen die Mädels um mein Revier zu verschönern. *„Oh, meine Lieblingsblümchen!"* Blumen von meinen Söhnen oder Dimitri konnte man hier vergeblich suchen. Wo auch immer diese Blumen blühten, hier jedenfalls nicht. Dieser Zustand wurde zur armseligen Normalität, dennoch, heute ärgerten sich die Mädels verschärft darüber.

„Traurig so was, nicht ein einziges Mal habe ich Dirk und Jörg hier gesehen. Dimitri darf auch keine Blumen bringen. Gerecht ist das alles nicht. Ich glaube heute werde ich bei Jörg anrufen, so geht das nicht weiter!" Bereits am frühen Abend rief sie ihren Bruder an. Jörg wurde kleinlaut, er hatte Verständnis für Sandras Anliegen. Er erklärte sich bereit, sich zukünftig an allen Kosten zu beteiligen. Er wollte sogar, trotz schwerwiegender Differenzen, bei Dirk anrufen um ihn ebenfalls darum zu bitten. *„Jörg, ich warne dich* *vor…!"* Sandra wartete gespannt auf Jörgs Rückruf. In der Zwischenzeit rief sie ihren Vater an, um die neue Idee auch mit ihm zu besprechen.

„Ähh, Allo?"

„Vatter, du ich war heute bei Mama am Grab, ich bin richtig sauer! Wir müssen uns wirklich die Kosten teilen, es soll doch schön aussehen *und wie!"*, aber für eine Person wird das etwas viel, es ist auch nicht fair."

„Jaja Kindes, alle in Ortung, mache iche, keine Problema, wird schons. Musse aber mache heimilig, sonst de Anke flippt widder!" Im Hintergrund zischte die eiskalte Anke. „Dimitri! Was telefonierst du hier rum?!"

„Widderhöre Kinds."

Auch Jörg erreichte seinen Bruder.

„Hallo Dirk, wir haben zwar keinen guten Kontakt mehr, doch hier geht es um unsere Mutter. Es wäre doch gerecht, wenn wir alle an einem Strang ziehen könnten und uns die Grabpflegekosten teilen oder? Sandra kann das nicht alleine schultern. Was meinst du, da helfen wir doch tatkräftig mit!"

„Ich? Zahlen? Wofür? Ich bin arm wie eine Kirchenmaus. Nie habe ich einen Cent bekommen, immer war ich der Arme. Beim Erbe haben sie mich beschissen, guck dich an. Einen Bauplatz! Was hatte ich? Ha, eine olle Kamera! *„Dirk, hast du Fieber?"* Und Sandra, pahhh, die hat jetzt mein Erbe. Ich bin eine ganz arme Kreatur. Einfach auf See haben sie mich damals verbannt, gegen meinen Willen. Ich bezahle nichts und ihr könnt mich alle mal!"

Ende des Gesprächs.

Sandras Telefon klingelte. Sie erwartete Jörg und bekam Anke. Ohne eine Begrüßung donnerte sie los: „Wollt ihr Dimitri abzocken? Hast du kein Geld für eine Blume?! Dein Vater gibt dir nichts, nimm das Erbe, da habt ihr damals mich und Dirk beschissen! Was haben wir außerdem mit deiner Mutter zu tun? *„Jetzt gehst du zu weit, du Monster!"* Der bekloppte Dimitri hat eben einfach aufgelegt. Ich wollte dir noch sagen, dass wir uns darauf geeinigt haben, dass wir uns nichts mehr schenken. *„Oh nein, schon wieder diese kranken Gedankensprünge!"* Egal zu welchem Anlass! Bevor wir von euch wieder Schrott und Mist geschenkt bekommen, besser gar nichts! Und was ich entscheide, gilt für den Rest der Familie. Claudia habe ich in Kenntnis gesetzt!"

„Natürlich Anke, du bist die Größte, bis dann."

Was für ein Abend. Als Jörg ihr später von seinem Telefonerlebnis berichtete, musste Sandra nach Luft schnappen. *„Mädels, seht zu! Ich kann es nicht länger mit angucken. Ihr könnt euch nicht länger als Boxsack benutzen lassen. Merkt ihr das denn gar nicht? Alle kippen euch den Müll vor die Tür. WEHRT EUCH ENDLICH!!!"*

10 *Tüten voller Gaben.*

Michaela schleppt Geschenke. Für die Mädels wird es die letzte, alles entscheidende Familienfeier und Dimitri feilt sich die Nägel...

Bereits vor einigen Wochen gaben die Mädels ihre Zusage, denn Dimitri hatte zu seinem Geburtstag geladen. Um ein Geschenk mussten sie sich dieses Mal keine Gedanken machen, Anke hatte alles klar und deutlich geklärt – prima. Die beiden hatten schon lange keinen Elan mehr für solche Zusammenkünfte. Doch es gab einfach ein paar Regeln der Etikette. Irgendwie hatte man die einzuhalten, auch wenn sich der Rest der Familie noch nie um irgendwelche Regeln scherte.

Es war soweit, pünktlich zur Kaffeezeit betraten sie die Hölle der Löwinnen. Sie gratulierten Dimitri und überreichten ihm einen Kasten Pralinen, damit die Angelegenheit nicht zu trostlos wirkte. „Kommte rein Kindes, habe von de Stadtkaffe feines Kuchen gewählte, sauber äh!" Zeitgleich platzte Michaela, bepackt wie ein Esel, in das Geschehen. Supergelaunt, schon an der Grenze des Glaubwürdigen, überreichte sie großkotzig einen Sack voller Gaben: Wellnessanwendungen, Krawatten, Düfte und Maniküre-Sets, alles vom Feinsten. Die Mädels waren baff. *„Es wird noch lustiger meine Kinder."* Claudia machte sich Luft. „Was soll das nun wieder? Hatten wir nicht ausdrücklich, laut Anke, eine Absprache?! Sollen Sandra und ich wieder richtig blöd dastehen? Ich verstehe diese Familie nicht." Michaela wurde zickig: „Wie Absprache? Aber das gilt doch nicht für so tolle Eltern, wie wir sie haben! Sandra, hast du allen Ernstes nichts für deinen Vater? Wie seid ihr denn drauf?" *„Wie bist du denn drauf?"* Dann trat Anke ein, sofort wurde es eisig im Raum. Dimitri verschanzte sich umgehend hinter dem Kaffeetisch und manikürte sich mit der neuen Feile, nervös die Nägel. Michaela stellte sich neben Anke, die Claudia anklagend begrüßte. „Ach, lässt du dich auch blicken?" Claudia war genervt bis zu den Zehenspitzen, Panikgefühle machten sich breit, aber sie blieb stark. „Sag mal, hast du wieder schlechte Laune?" Da hatte sie was gesagt, Anke flippte aus!

„Schlechte Laune, ich? Wer wohl immer schlechte Laune hat?"

„Ja du, wer denn sonst?"

„Du missratenes Kind, was fällt dir ein so mit mir zu reden?"

225

Da prasselte es aus Claudia heraus, es gab kein Halten mehr. „Was fällt dir ein immer und alles abzustreiten und uns schlecht zu behandeln? Du rennst doch ständig zum Arzt und es wird immer schlimmer mit dir, denk mal über einen Facharzt nach! Du bist nicht gesellschaftsfähig, egal wo, wann und wie, verabschiedest du dich von niemanden, ignorierst die Dinge oder schreibst vor wie man zu leben hat. Du tyrannisierst Land und Leute und behauptest auch jetzt wieder gut gelaunt zu sein? Hahaha. Was du mir schon alles angetan hast, du kannst froh sein, dass ich hier heute überhaupt stehe und mit dir spreche!"

„Gar nichts habe ich irgendwem angetan. Ihr habt meine Nerven kaputt gemacht, ich habe nie Fehler gemacht! Und das ist jetzt der Dank oder wie?"

„Ja Mutter, das ist der Dank für deine Perfektion! *Claudia nur Mut!*" Ständig hast du mich in die Enge getrieben, unter Druck gesetzt und die Fäuste sprechen lassen. Zu guter Letzt heiratest du Dimitri. Das ist doch alles nicht normal!"

„Fräulein, du vergreifst dich gewaltig im Ton! Da kann ich deinen Vater gut verstehen, wenn er nichts mehr mit dir und Sandra zu tun haben will, ihr Lügnerinnen. Und dann besitzt ihr die Frechheit hier mit lächerlichen Pralinen aufzukreuzen, armselig! Hiermit schließe auch ich das Kapitel Claudia. Raus hier, alle beide!!!" „*Die Wahrheit tut weh!*"

Das war das Stichwort, die Mädels verließen blitzartig dieses gruselige Beisammensein. Dimitri versuchte die Mädels aufzuhalten, er schrie: „Äh, biete, isse nich ernest gemeinte, flippt widder de Anke. Hatse schwerwiegende Wut in de Körpers, Läbe is keine Zuckerschleck....biete!"

Aber die Mädels konnten ihn schon nicht mehr hören.

8:15 *Uhr Partytime!*

Claudia öffnet, ein Überfallkommando rauscht an ihr vorbei…"jetzt geht die Party richtig los...lalala".

Ahnungslos öffnete Claudia, um diese verbotene Zeit noch im Nachthemd, die Haustür. Die erwartete Paketlieferung war es leider nicht. Stattdessen stürmten Michaela, Jahrmarkt-Harry und seine erwachsenen Kinder, Kette rauchend an ihr vorbei, direkt ins Wohnzimmer.

„Schwesterherz, Geschenke kann man von dir scheinbar nicht erwarten, so wie du dich an Dimitris Geburtstag aufgeführt hast, einfach schlimm. Vielleicht hast du gnädiger Weise einen schönen frischen Bohnenkaffee für uns am Start, denn wir haben die ganze Nacht durchgefeiert. Wir müssen jetzt echt runterkommen und da du frei hast, tada da sind wir."

Claudia kochte missgelaunt Kaffee und platze gleichzeitig vor Wut. Als sie gerade dabei war einen Jogginganzug überzuwerfen, ertönte aus dem Wohnzimmer ohrenbetäubender Technosound. Sie betrat das Wohnzimmer und traute ihren Augen nicht. Es war nicht einmal 9:00 Uhr morgens und schon tanzten kettenrauchende

Flodders um den Wohnzimmertisch! Tischfeuer-
werke und Konfettibomben wurden gezündet,
während Michaela und ein stark geschminktes
Jahrmarktkind „Hyper-Hyper" röhrten. Der
Marktschreier riss, wie selbstverständlich, alle
Schränke auf und inspizierte deren Inhalte. „Hey,
baldige Schwägerin, warum so schlechte Laune?
Mach mal richtig Party. Guck uns an, wir leben!"
„Ich gucke und ihr seid peinlich!"
Claudias Gesichtszüge versteinerten. „Aber nicht
um 9:00 Uhr unangemeldet in meinem Wohnzimmer. Lebt woanders!"
Da mischte sich Michaela ein. „Ach, wir brauchen
einen Termin bei dir? Dann sind wir wohl uner-
wünscht. Hol dir mal lieber Tabletten, dann wirst
du lockerer. Sandra kannst du auch welche abge-
ben. Das erzähle ich erst einmal Mama."
„Ja, mach das. Immer schön alles der Mama erzählen und keine Regeln akzeptieren. Ihr seid
beide stehengeblieben, auf einer Wellenlänge."
„Klar, im Gegensatz zu dir ist aus mir richtig was
geworden, sagt Mama auch!"
„Mama vorne Mama hinten, feiert eure Früh-
schoppen-Orgien in Zukunft woanders. Da ist die
Tür!"

Wütend verließen die Flodders das Haus. Das hinterlassene Chaos durfte Claudia beseitigen. Um dieses Chaos noch perfekter zu gestalten, rief Dimitri bei Claudia an. „Äh, de Sandras isse weg, jetze dann du. Micaela ganze böses Zung übers dir. Komplottes mit de Mama. Verschwörr in de Haus. Sandra unde du böses Hex und iche könne gehen mit Teufel. De Mama ganzes schwerwiegend Frau, krankes Persson. Läbe is kein Zuckerschleck. Kochste Kaffe ich gleiche da."

Hilfe! Claudia rief Sandra an, die sich nach dieser Story sofort auf den Weg zu ihr machte. Dort angekommen thronte bereits, ausladend gestikulierend und erzählend, der Grieche.
„Na Vatter, machst du wieder Land und Leute verrückt? Wo hast du denn deine Traumfrau gelassen?" *„Sandra, du bist mir ja eine…"*
„Äh, liege wieder Allemanns in de Bette und schmiede böses Rache zu euch. Alle sexofrän in de Koppe. Micaelas neues Mann könne auch gar nixe, Finanzierpumpe wie de Mann Nr. 1, halte nix davon, habte Zimmer for mich?! "
„Man Vatter, geht das jetzt wieder los? Immer dein Gejammer, du ziehst doch eh nicht aus! Erzähl das doch alles mal deiner Herzdame und setz

dich durch. Wir können es nicht mehr hören und wir haben damit nichts mehr zu tun. Die Altlasten sind wir los und wir sind sehr froh darüber. Claudia geht es auch richtig gut!"

„Äh, Kinners habter rechts. Musse jetze auch widder los. Gähe gleich esse mit de Anke mein schönst Frau. Isse alle engal!"

„Soso, dann haben wir das ja auch geklärt, lass es dir schmecken!"

„Mahlzeit, zum Glück Mädels, habt ihr andere Gene geerbt!"

147 *Ruhepuls!*

Der Grieche schleicht aufgeregt auf Zehenspitzen von dannen. Als er sich weit genug weg fühlt, rennt er los, denn er wird bereits erwartet.

Die Zeit war vergangen, bis auf einige heimliche Dimitri-Not-Anrufe und wenigen elektronischen Schuldzuweisungen von Zündi & Co, die von den Mädels aber ignoriert wurden, blieb es still. So lebte es sich prima, es fühlte sich gut und richtig an. Die Lebensqualität stieg. Sie waren dankbar. Vorbei waren die ewigen Spontanbesuche und Klingelorgien, in denen sich die ungebetenen Gäste, distanzloser als Zeugen Jehovas es jemals sein könnten, Zutritt verschaffen wollten.

Dennoch, bei Dimitri kam die Botschaft nicht an. Er blieb hartnäckig. Mittlerweile wurde er vom gesamten Anke-Clan ignoriert und hatte in seinem eigenen Zuhause keinen einzigen Buchstaben mehr zu melden. *„Du wolltest es und jetzt hast du es!"* Daher suchte er Kontakt zu den Mädels. Auf seine „sexofräne" Art wurde er etwas einsichtiger, dennoch blieb er schwierig und mysteriös.

Vielleicht aus einer Laune heraus, oder einer Prise Mitleid, überlegten sich die Mädels, Dimitri zum Essen auszuführen. Die Einladung konnte schnell von Sandra übermittelt werden, denn der nächste Dimitri-Not-Anruf ließ nicht lange auf sich warten.

„Äh, musse spreche flüster, gehte gut alles?"

„Ach Vatter, alles perfekt. Uns geht es allen blendend. Und bei dir?"

„Gute, gute, alles gutes! Läse immer Tageszeitung, ganzes Tag, werde noch verrück. Anke sitze geklemmt in de Sessels, musse spazier alleine!"

„Tja…aber wo ich dich gerade am Apparat habe, wir möchten dich gerne einladen, wann passt es dir?"

„Bravissimo Idee! Ich muss überlega Plan, aber klappta, machte kein Sorg."

Ein Termin wurde abgesprochen, es konnte losgehen. Treffpunkt war Dimitris Zeitungs-Kiosk, von dort holten ihn Arndt, Claudia und Tim am verabredeten Tag ab. Von dort ging es weiter, Richtung Restaurant, wo bereits Sandra und Hubi warteten. Dimitri hyperventilierte vor Freude, er entschuldigte sämtliches Fehlverhalten der Terror-Clique. Das Essen war reine Nebensache, denn er hatte einen angestauten übermäßigen Redebedarf! *„Kein Wunder, mach mal lieber die Klappe Zuhause auf.*

„Isse gefährlich Drama in Haus, bin nich in Sicherheit, habes Spions in Rücke. Glaube hat de Micaela geguckt wo ich gehe. Habe aber gerast wie de Teufelswind. Oh äh grosses Unheile lauerts in Anmarsch. Äh, unde Micaela unde Marktschreiers mache immer Schäferstündchens in de Hause, Kindes kümmerte nix und Wohnungs isse wie Müllkipp. Aber darfe nixe sagen, danne nur frech zu mir. Anke isse Tyrannus, ganz schönst gefährlichst. Aber vielleichte hab iche Gluck, aber hab bisse ängstliche Aufregung vor de Rückkehrs, aber habes Plan, gäh durch de Kellers unde sag dann, ware fleißigst mit de Wäsche an Gange!"

„Soso Vatter, also ist so gar nichts Neues bei euch passiert, also wie immer alles gleich, gleich blöd?"

„Ja Kinners! Hahaha äh…Läbe isse kein Wunschkontrast, Jamas!"

Nach einer gefühlten Ewigkeit und einer Kombination aus dröhnenden Schädeln mit heißen Ohren, brachen sie auf und verabschiedeten sich voneinander. Dimitri wurde vor seinem Lieblings-Kiosk abgesetzt. „In Ortung, schleiche reste

Meters!" Trotz der Entfernung konnte man deutlich erkennen, dass Haus und Hof hell erleuchtet waren. Dimitri wurde offensichtlich bereits erwartet. *„Na dann mal rein in die gute Stube!"*

Das Letzte was sie sahen, als sie mit dem Auto um die Ecke bogen, war eine griechische, Waschkorb tragende, Silhouette…

23:30 *Uhr, Dimtri ruft an!*

„Äh, machste kein Foto, wasse loss hirr! Jetzt isse widder in de Bette und pennte. Grosse massive Furia, Dämon! Gehte mit ganz böses Wörte auf miche loss! Micaela isse Agent und motzte von Seite. Ich treibe rum mit böses Menschens. Jetze bin ich schloss in Zimmer! Wenn ich komm raus hirr, ziehe iche aus!"

„Vatter, mach das! Melde dich, wenn du ausgezogen bist, auch wegen der neuen Adresse! Gute Nacht."

Sandra legte auf, es reichte ein für alle Mal!

~

… meine Mädels trafen sich. Das wurde ein ganz besonderer und feierlicher Abend! Sie tranken ein wenig Prickelwasser und zelebrierten andächtig ihre neu gewonnene Freiheit. Als symbolisches Zeichen der Veränderung und des Loslassens

236

griffen sie sich einen roten Wollfaden, beschimpften ihn und schnitten ihn gemeinsam entzwei!

„Manche Entscheidungen brauchen Zeit. Es ist nie zu spät um zu leben, manchmal auch mit ein wenig Hilfe von oben ;-)

„JAMAS, meine lieben Mädels"

HEUTE

Dimitri ist noch immer nicht ausgezogen…!

Danke an unsere „Erzählerin", die großartig und unvergessen bleibt.

In Liebe, deine Mädels

Der weltbeste Kartoffelsalat

Zutaten:

1kg. Kartoffeln kochen, pellen und in Scheiben schneiden.
1 Glas Mayonnaise, 2 Eier, 1 Zwiebel
Saft 1 Zitrone,
Schuss Milch/Wasser, etwas Öl
Schuss Gewürzketchup, 1 Essl. Senf,
Pfeffer, Salz, Zucker

Zubereitung:

Eier, Öl und Saft der Zitrone aufschlagen,
Mayo, Senf, Ketchup zufügen, zerriebene
Zwiebel, Gewürze unterrühren und abschmecken (süß/salzig muss jetzt dominieren!).
Wenn zu dickflüssig mit Milch/Wasser strecken. Kartoffelscheiben untermengen und
über Nacht ziehen lassen, nachwürzen.

Guten Appetit!

Sexoklopädie

besülzen	besprechen
Bromms	griechische Erfindung
Chucky, Teil2	Horrorfilm von 1990
devotend	extrem unterwürfig
Dimitrisch	Dimitris eigene Sprache
Dolze	Puppe
face	engl. Gesicht
Finanzierungspumpe	Ratenkauf
Flattermänner	Grillhähnchen
Flodder`s	Film, NL 1993
Gartenfriemelei	Fummeln im Garten
gedanced	getanzt
geohrbumst	Telefonsex
groovend	mitreißend
herumgefriemelt	gefummelt
Jamas	griechisch, Prost
„Kirmes"	gruseliges Wirrwarr
krank in Sülze	krank im Kopf
Lurk	böses Kind
Malakka	griechische Begrüßung
Mitose/Meiose	Zellteilung
Nä (-Wort)	griechisch Ja(-Wort)
ölen	machen, tun
Pimpernellen kriegen	Krise bekommen

Pusemuckel	ein unbekannter Ort
ramenterte	rumorte, polterte
Rödelei	eifriges Arbeiten
Sexofrän	schizophren
Wild schäkernd	übertrieben flirten
Witchboard	Hexenbrett
Zinoba	Zinower (Verwir rung, Unruhe)

...de Läbe isse keine Wunschkontrast /...das Leben ist kein Wunschkonzert